《中华文明史话》彩图普及丛书

圆 明 园 史 话

《中华文明史话》编委会 编著

中国大百科全书出版社

图书在版编目（CIP）数据

圆明园史话／《中华文明史话》编委会编. —北京：中国大百科全书出版
社，2016.1
（中华文明史话：彩图普及版）
ISBN 978-7-5000-9691-7

Ⅰ.①圆…　Ⅱ.①中…　Ⅲ.①圆明园 - 通俗读物　Ⅳ.①K928.73-49

中国版本图书馆 CIP 数据核字（2015）第 296158 号

丛书责编：胡春玲　　马丽娜
责任编辑：冯　蕙
技术编辑：尤国宏　　贾跃荣
责任印制：邹景峰

中国大百科全书出版社出版发行
（北京阜成门北大街17号　邮政编码：100037　电话：010-88390317）
http：//www.ecph.com.cn
新华书店经销
三河市兴国印务有限公司印刷
开本：720×1020　1/16　印张：7　字数：78千字
2016年1月第1版　2018年11月第3次印刷
ISBN 978-7-5000-9691-7
定价：24.00 元

《中华文明史话》编委会

主　　编：龚　莉

副　主　编：辛德勇

编　　委：唐晓峰　　韩茂莉　　钟晓青

　　　　　吴玉贵　　彭　卫

《圆明园史话》

本书编撰：张　超

序

北京大学教授 辛德勇

　　我不是一个科班出身的历史学工作者，基础的中国历史知识，几乎全部得自学。所谓"自学"，也就是自己摸索着读书。在这个过程中，一些篇幅简短的历史知识小丛书，给我提供过非常重要的帮助，是引领我步入中华文明殿堂的有益向导。按照我所经历的切身感受，像这样简明扼要的小书，对于青少年和其他普通读者了解中国的历史文化，应当会有更大的帮助。现在摆在读者面前的这套《中华文明史话》彩图普及丛书，就是这样一部中国历史知识系列专题读本。

　　编撰这样的历史知识介绍性书籍，首先是要保证知识的准确性。这一点说起来简单，要想做好却很不容易。从本质上来讲，这是由于历史本身的复杂性和认识历史的困难性所造成的，根本无法做到尽善尽美；用通俗的形式来表述，尤为困难。好在读者都能够清楚理解，它只是引领你入门的路标，中华文明无尽的深邃内涵，还有待你自己去慢慢一一领略。

这套《中华文明史话》彩图普及丛书，在首先注重知识准确性的基础上，编撰者还力求使文字叙述生动、规范，深入浅出，引人入胜；内容则注重富有情趣，具有灵动的时代色彩，希望能够集知识性、实用性、趣味性和时代性于一体；选题则努力契合社会公众所关注的问题；同时选配较多图片，彩色印刷，帮助读者更为真切地贴近历史。

生活在物质文化高度发达的当代社会而来学习久已逝去的历史知识，经常会有人提出为什么要读这些书籍的问题。中国古代士大夫对历史知识价值的阐释，是"以史为鉴"，即在现实社会生活中特别是处理政务时借鉴历史的经验。历史知识这一功能，直到今天，依然存在，但并不是与每一个人都有直接的关系。对于大多数社会普通民众，尤其是对于青少年朋友来说，我想，历史知识虽然既不能当饭吃，也不能当衣服穿，但却是人类精神不可或缺的基本营养要素。读史会使人们的头脑更为健全，智慧更为发达，情操更为高洁，趣味也更为丰富。

2012 年 4 月 4 日

CONTENTS

序

引 言 ⋯⋯⋯⋯⋯⋯⋯⋯⋯⋯⋯⋯⋯⋯⋯⋯⋯⋯⋯ 1

一、圆明园的兴建 ⋯⋯⋯⋯⋯⋯⋯⋯⋯⋯⋯⋯⋯⋯ 3

　1. "万园之园"的兴建背景 ⋯⋯⋯⋯⋯⋯⋯⋯⋯ 6

　2. 六代皇帝经营圆明园 ⋯⋯⋯⋯⋯⋯⋯⋯⋯⋯ 7

二、圆明三园的景观 ⋯⋯⋯⋯⋯⋯⋯⋯⋯⋯⋯⋯ 13

　1. 圆明园 ⋯⋯⋯⋯⋯⋯⋯⋯⋯⋯⋯⋯⋯⋯⋯⋯ 14

　2. 长春园 ⋯⋯⋯⋯⋯⋯⋯⋯⋯⋯⋯⋯⋯⋯⋯⋯ 20

　3. 绮春园 ⋯⋯⋯⋯⋯⋯⋯⋯⋯⋯⋯⋯⋯⋯⋯⋯ 23

三、圆明园文化 ⋯⋯⋯⋯⋯⋯⋯⋯⋯⋯⋯⋯⋯⋯ 26

　1. 园林文化 ⋯⋯⋯⋯⋯⋯⋯⋯⋯⋯⋯⋯⋯⋯⋯ 27

　2. 文化收藏 ⋯⋯⋯⋯⋯⋯⋯⋯⋯⋯⋯⋯⋯⋯⋯ 39

四、圆明园的人与事 ⋯⋯⋯⋯⋯⋯⋯⋯⋯⋯⋯⋯ 51

　1. 皇帝园居生活及理政 ⋯⋯⋯⋯⋯⋯⋯⋯⋯⋯ 52

　2. 皇帝家眷的园居生活 ⋯⋯⋯⋯⋯⋯⋯⋯⋯⋯ 71

　3. 如意馆及供职其间的西洋传教士 ⋯⋯⋯⋯⋯ 75

五、圆明沧桑···79

  1. 英法联军洗劫、火烧圆明园·················82

  2. "木劫""石劫"与"土劫"·················82

六、圆明重光···86

  1. 圆明新生·································87

  2. 圆明新貌·································95

结束语···97

附录(中国历史年代表)·························99

引 言

圆明园位于清代北京西北郊，由圆明、长春、绮春三园组成，三园紧相毗邻，呈"品"字形分布，统称圆明园。三园共占地350公顷，有优美景群百余处，建筑面积近20万平方米。自清代康熙四十六年（1707）起，这座皇家园林经康熙、雍正、乾隆、嘉庆、道光、咸丰六帝150余年的经营，役使无数能工巧匠，花费亿万银两，最终建造而成，并成为清代除紫禁城外的另一个政治中心。圆明园曾以其宏大的地域规模、杰出的造园艺术、精美的建筑景群、丰富的文化收藏和突出的政治地位闻名于世，被誉为"一切造园艺术的典范"和"万园之园"，在清代政治史和世界园林史上占有举足轻重的地位。然而不幸的是，这座绝世宫苑于1860年10月被英法联军野蛮洗劫并焚毁，在中国历史上留下极为惨

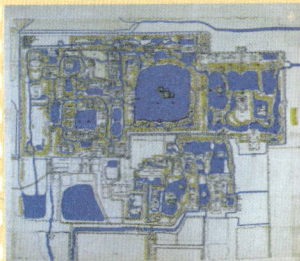

痛的一页，成为人类文明的一场劫难。

新中国成立后，党和政府十分重视发挥圆明园遗址的多元价值和多种功能。经多年努力，在遗址保护基础上建设的圆明园遗址公园已初具规模，再现了山水相依、烟水迷离的迷人景致。大部分山形水系得以恢复，数十万株大树郁郁葱葱，季节性花卉如霞似锦，复建的少量园林建筑重现光彩，一些重要遗址得到保护整修，形成了以西洋楼为代表的宏大遗址群落，是人们忆古思今、缅怀历史的良好去处。

圆明园的兴建曾是中国封建社会高度发展的象征，而圆明园的毁灭则是中华民族近代屈辱史的见证。本书将重点向读者介绍圆明园盛时的辉煌气象、圆明园历经劫难的沧桑变迁，以及新时期在圆明园文化遗产保护方面所取得的重大成果。力争让读者对圆明园有一个较为明晰的了解，并在此基础上，呼吁人们共同牢记"历史责任"，珍惜人类共有的文明成果，更好地缅怀历史、传承文明。

一

圆明园的兴建

作为"万园之园"的圆明园，其兴建、发展与繁荣体现了封建统治者对建筑、园林、艺术等极致之美的不懈追求。圆明园最初为康熙赐给皇子胤禛（即后来的雍正皇帝）的花园，"圆明"二字寓意深远，据雍正《圆明园记》载："圆而入神，君子之时中也；明而普照，达人之睿智也。"取名"圆明园"，是取恪守圆通中庸、聪明睿智之意。雍正即位后，对其进行大规模扩建，此后历代皇帝又不断扩充、翻新，使其逐渐成为气势恢宏、令人惊叹的皇家盛园。

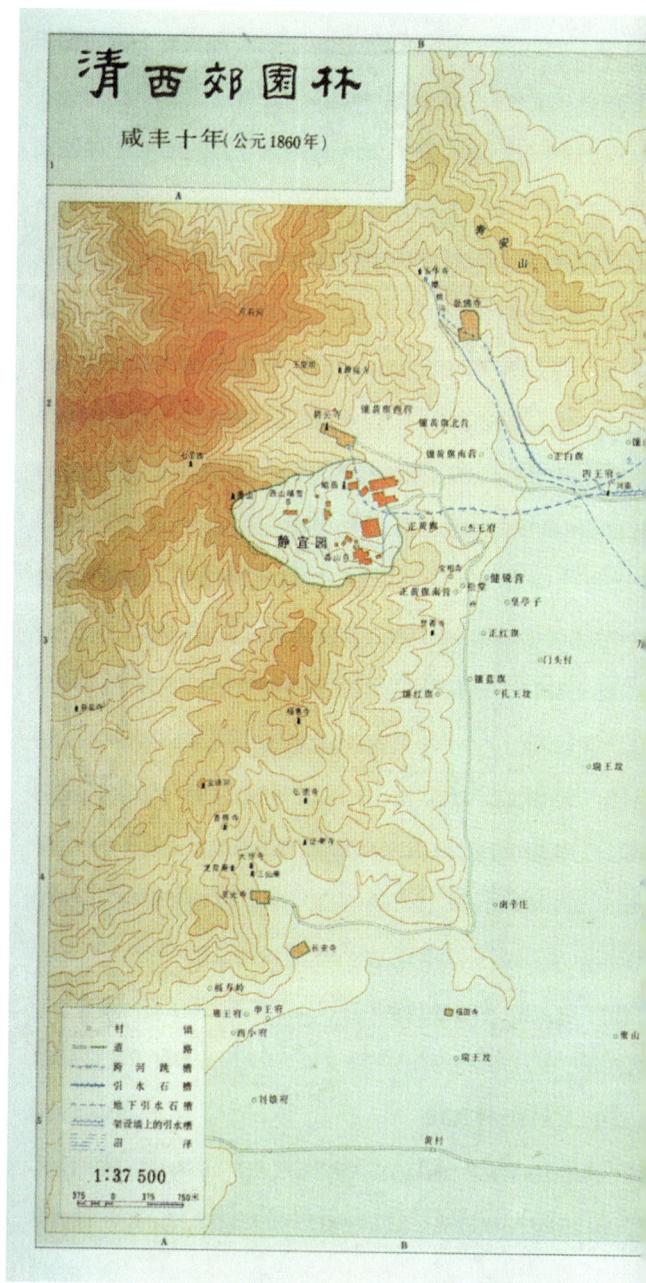

清西郊园林

咸丰十年（公元1860年）

静宜园

1:37 500

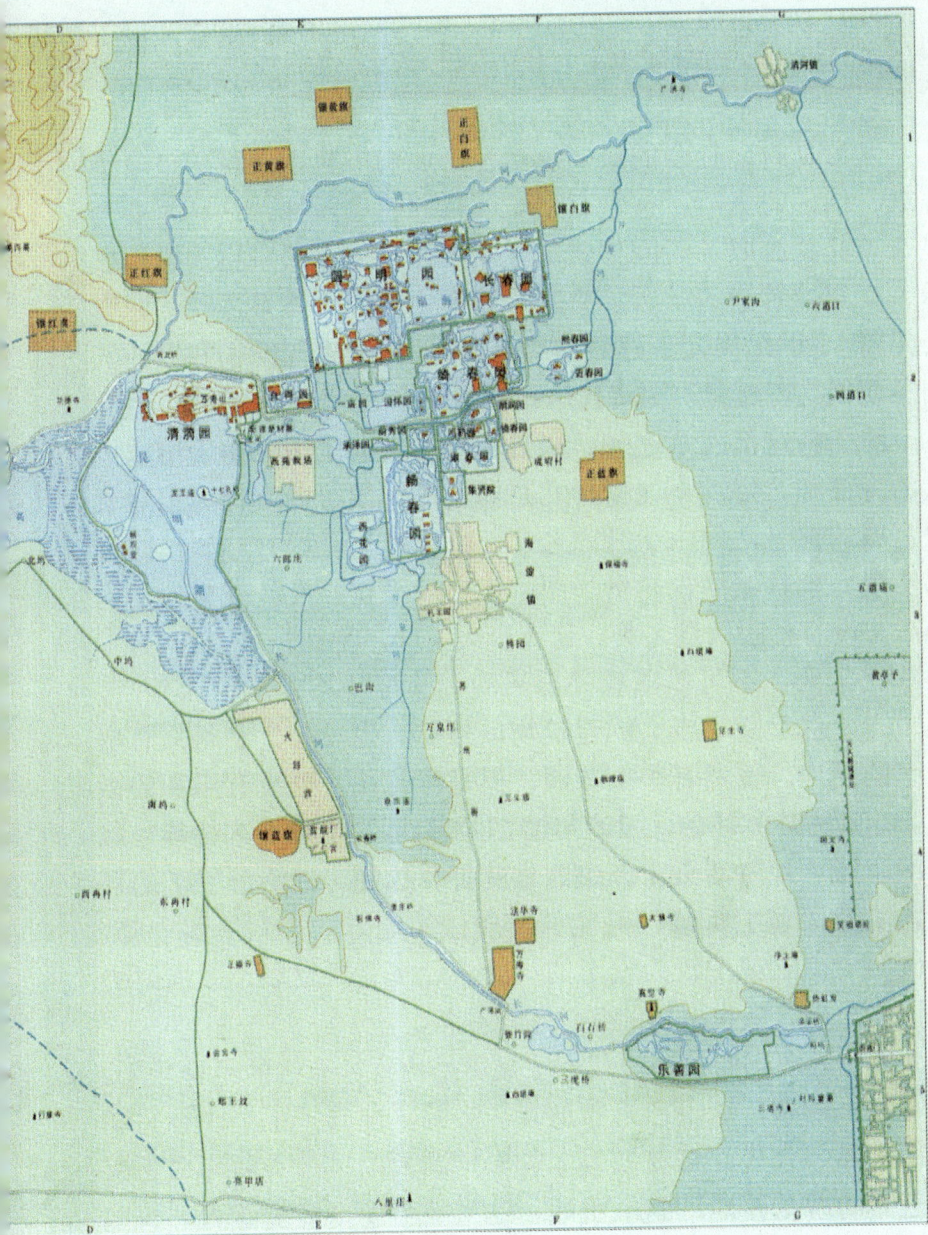

● 西郊园林图(清咸丰十年)

一

圆明园的兴建

1. "万园之园"的兴建背景

　　皇帝是封建社会的最高统治者，他们多数不满足于皇宫中正规、拘谨的生活，常常在京城或京郊建造园林，这种主要为皇帝及其家族服务的园林就是皇家园林，是专供皇室观赏、娱乐、宴宾、游猎的场所。皇家园林为中国园林体系之一，起自公元前11世纪周文王建造的"灵囿"，止于清代的颐和园，其间各朝代均有建置，至清代达到极盛。

　　清王朝定都北京之初，来自关外的满洲统治者由于游牧民族的特征和习俗，不习惯于北京的炎夏气候，曾有择地另建避暑宫城的拟议，但由于开国之初，百废待兴，这种愿望一时难以实现。紫禁城尽管高贵华丽，但布局平直、设计规整、结构谨严，没有林园风景之美，让人日久生厌，特别是皇帝和后妃，又非比常人，不可以随意外出活动。慈禧就不喜欢大内生活，她说："这里除了庞大的建筑物以外什么也没有，空得只有房子里的回声。虽然有个御花园，但是没有花，也没有温和的微风。这地方冷冰冰的，没有热情。"兴修园林借以调剂情趣已成为清帝的一种生活必需。康熙早就打算选择一处清静空旷的环境，另建"避喧听政"并能长期居住的地方。待到康熙中叶，全国统一，出现了较为安定的局面，经济有所发展，政府财力也比较充裕，修建园林的条件逐渐具备。

　　北京西北郊向来为历代帝王显贵缔构行宫苑园的绝佳场所。早在辽金时期，这里已遍布道观、寺院，建起了玉泉山行宫和香山佛寺。元代，海淀低地上的原始湖泊以风景秀丽而成为京城近郊的游览胜地。到了明朝，这里吸引了更多的游人，一些达官贵人逐渐占据田园，营造别墅。万历年间，武清侯李伟首建"清华园"（故址在今北京大学西墙外），号称"京国第一名园"。其后书法家米万钟又于清华园东墙外，辟治一处幽雅秀丽的小园林，名曰"勺园"（故址在今北京大学校园西南隅）。于是，亭台楼榭与湖光山色交相掩映，北京西北郊园林建设方兴未艾。

清初，清华园与勺园都已荒废。顺治时，北京有明代留下的南苑、三海、景山等园林。由于形势的局限，清帝只是将这些园林略加修整，将就使用。康熙时，开始着手园林建设。先是建成南苑行宫，后又在香山和玉泉山建立行宫，并于清华园故址建设"畅春园"。畅春园建成于康熙二十六年（1687），康熙每年大部分时间居住于此，逐渐形成园居理政的惯例。自是而后，清帝以空前的规模在北京西北郊开展园林建设，由此出现了中国皇家园林建造的最高峰，产生了一座座极具影响力的园林，形成了著名的"三山五园"，即畅春园、圆明园、万寿山清漪园（颐和园前身）、玉泉山静明园和香山静宜园。与此同时，文武大臣为上朝方便，纷纷在京西修建宅园。最终成就了这一带楼馆相叠、绿树掩映、金碧相望的浩瀚景色，绘制出一幅绚美壮丽的园林图画。各园之间互为借景，彼此成景，和谐统一，而圆明园就是其中最为出类拔萃的一座。

2. 六代皇帝经营圆明园

圆明园最初是康熙赐给皇四子胤禛的花园，其兴建可追溯到康熙四十六年（1707）。此时，该园已初具规模，是一座小型的水景园，布局较为规整，主要是以葡萄院、竹子院、鱼池等命名的比较自然化的景观，一定程度上具有文人隐士园的风格。十余年间，胤禛十二次恭请父皇康熙来园游赏、进宴，并获康熙御赐园额"圆明园"。

雍正即位后，圆明园升格为御园，并由此进入大规模的兴

一

圆明园的兴建

● 《朗吟阁胤禛像》(清宫画师绘)

工扩建阶段。雍正按照理政与园居功能并置的模式，陆续添建不同风格的景群，并向纵深扩展园林范围。将原中轴线往南延伸，在南部建成了具备上朝、理政功能的正大光明和勤政亲贤以及内阁、六部、军机处诸值房，用以"避喧听政"，形成"外朝"部分，并与后湖四周帝后嫔妃居住的"内寝"部分共同组成了相对独立的"前朝后寝"区，俨然是皇城大内的缩影。雍正还将圆明园的北、东、西三面往外拓展。至雍正末，圆明园的面积已达 200 多公顷，总体规模和基本格局大体形成。

乾隆时，以畅春园作为皇太后居住之地，乾隆则长期居住于圆明园。承袭父皇雍正遗留的圆明园格局，乾隆在原有基础上陆续进行改建和增建，但他并没有再拓展圆明园的地盘，而是在原来的范围内调整景观并进一步丰富园景。乾隆九年（1744），圆明园著名的四十景形成，其总体造园风格也由前期崇尚简洁、朴素而转为奢华和恢宏。乾隆好大喜功，对兴建园林具有浓厚的兴趣，他在圆明园紧东邻又营建了长春园。位于长春园北隅的西洋楼景区，至乾隆二十四年（1759）也已基本完成。乾隆三十四年（1769），乾隆又将绮春园并入圆明园。乾隆三十九年（1774），圆明园、长春园、绮春园正式统归圆明园总管大臣管理，加之三园紧相毗邻，"名虽三而实则一"，其中又以圆明园规模宏大而居首位，遂统称圆明园。三园呈"品"字形分布，圆明园在西，长春园在东，绮春园在南。

嘉庆自登基后，因袭园居惯例。同时，他对园林建设也有强烈的追求，并侧重于对绮春园的经营，使之形成不同类型的大小景点 30 处。至此，圆明三园处于全盛时期。道光时期，清帝国已日薄西山，但道光宁撤万寿、玉泉、香山"三山"陈设，罢热河避暑与木兰秋狝，却没放弃过对圆明园的改建和装饰。尽管道光没有对圆明园进行大规模的园林工程，但改建项目仍间或有之，仅修缮费用每年即达 10 余万两白银。道光提倡

一

圆明园的兴建

010

清 圆明园
长春园 绮春园

咸丰十年（公元1860年）

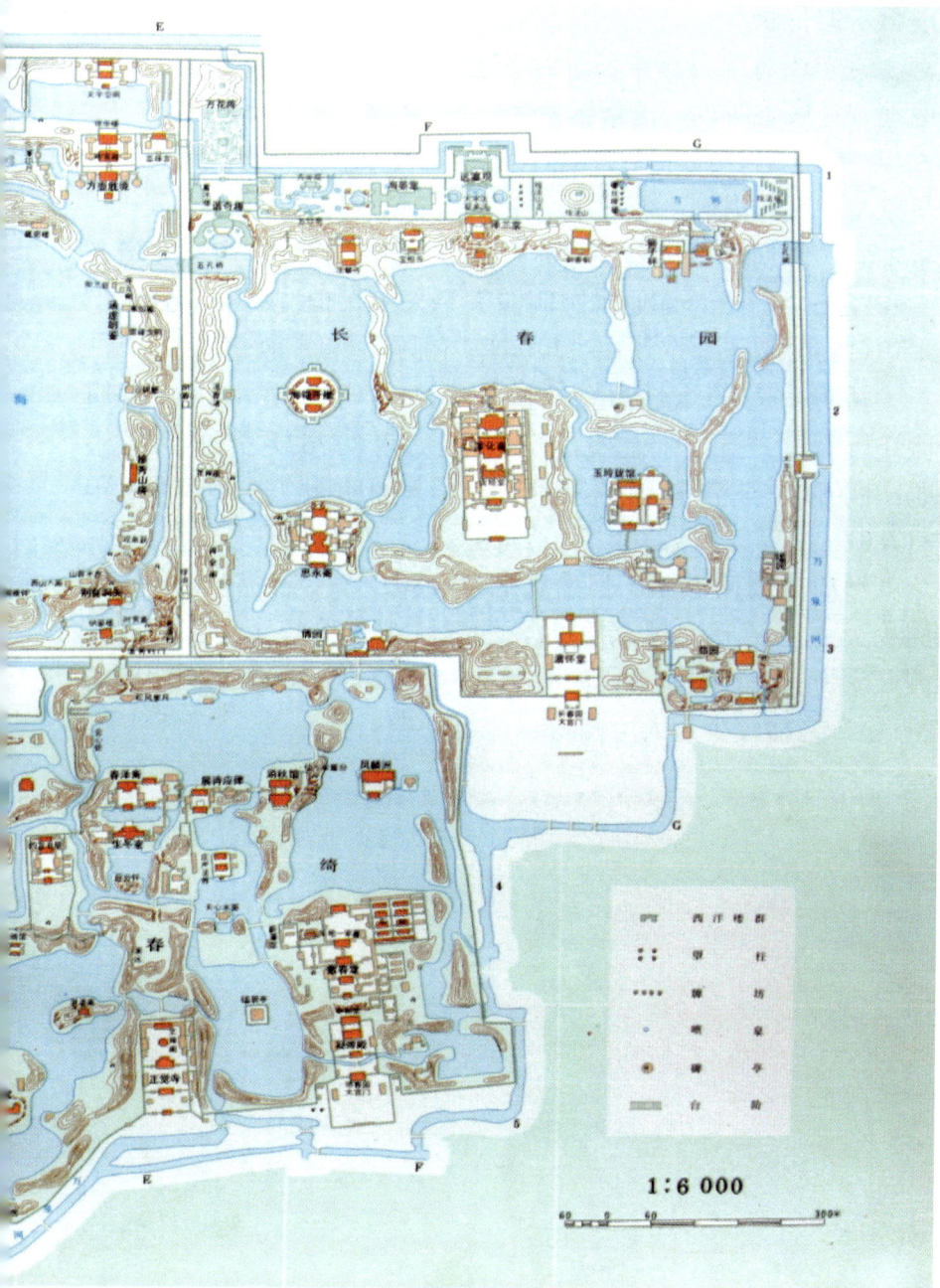

● 圆明三园平面图(清咸丰十年)

1:6 000

节俭，但他仍斥巨资在园内给自己修建了宏伟的"慎德堂"寝宫。道光还对绮春园东部进行改建，将之作为奉养太后、太妃的地方。咸丰时期，清帝国内忧外患，政权处于风雨飘摇之中。作为一国之君，咸丰无力应对残局，逐渐走向消极和沉沦。他虽承袭了园居惯例，但这座皇家宫苑却已有些难以维持。当时，咸丰驻跸圆明园即已备受享乐、渎职的道德指责。所以在道义上和经济上已不容许他对圆明园大举兴工，但圆明园直到咸丰十年（1860）被毁前夕还在进行一些局部修缮和零散建设。

圆明、长春、绮春是人们所熟知的圆明三园，其实，圆明园还曾有过"五园"之盛。乾隆三十二年（1767），乾隆将皇亲赐园熙春园（今清华大学校园西部）并入圆明园；乾隆四十五年（1780），将皇亲赐园春熙院（今北京大学校园北部）并入圆明园；这就形成了圆明五园。但嘉庆七年（1802），春熙院被赐给庄敬固伦公主，道光二年（1822），熙春院被赐给惇亲王绵恺，五园又易为三园。圆明五园为时不长，仅22年，所以，圆明园的"五园"之盛较少为人所知。

二

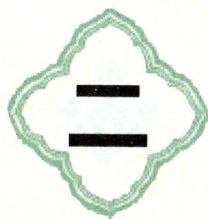

圆明三园的景观

圆明三园分别为圆明园、长春园、绮春园，三园紧相毗邻，呈"品"字形鼎立，水系互相联通，既各自为景，又融为一体。其中，圆明园占地最广，包含帝王将相临朝为政的前朝区，专供帝后居住游玩的九州区，视野开阔、以水上游乐为主的福海区，以及集不同风格与功能于一体的西北区；长春园位于圆明园以东，不仅有充满诗情画意的中式园林，还有造型优美奇特的欧式西洋楼；绮春园位于圆明园和长春园以南，大小和长春园相当，由数个精致小巧的小园林合并而成。

1. 圆明园

(1) 前朝区

前朝区是清帝"以恒莅政"的前朝所在，为帝王将相专属活动区。主要包括大宫门内外朝房、正大光明景群、勤政亲贤景群三部分。大宫门内外分布着政府各部门的衙署；正大光明殿相当于大内太和殿，是举行朝会和重大典礼的场所；勤政亲贤殿是皇帝日常办公的地方，相当于大内养心殿。

正大光明，为"圆明园四十景"之首，是御园前朝区主体。南起宫门前大影壁，北至正大光明殿后寿山。圆明园正宫门设

● 唐岱、沈源乾隆九年绘《正大光明图》

内外两道门殿，前曰大宫门，内曰出入贤良门。出入贤良门骑南墙而建。在出入贤良门和大宫门两边，分列东西朝房和转角朝房，为六部九卿值所，这些属于宫门禁区。正大光明殿为御园正衙，是清帝举行朝会、宴请外藩、寿诞受贺以及科举殿试等重大活动的场所，功能类似大内太和殿、保和殿。

（2）九州区

九州区位于前朝区正北，是前朝区中轴线的延续，也是圆明园景色最为优美、功能最为齐备的核心景区，具有"内寝"和"御花园"的双重功能。在园林布局上模仿国家疆域，西北高东南低，按"禹贡九州"的立意围绕后湖设计九个功用和情趣各不相同的小岛，象征着江山一统。各岛独自成景，又互有因借。为借西山之景，引景入园，西岸不堆高山，不建高楼，视野开阔。而后湖东西、南北200米左右的宽度，恰好取得最佳的观赏效果。

九州清晏，"圆明园四十景"之一，位于九州区的中轴线上，在正大光明殿的正北，前湖后湖之间，为帝后寝宫区。四围环水，用桥梁与游船以通往来。本景是后湖四周九座岛屿中面积最大的主岛，因是御园内围禁地，除近侍太监宫女外，其他人员均不得擅自进入。

中轴线上自南而北分布的圆明园殿、奉三无私殿和九州清晏殿合称圆明园三殿。圆明园殿与故宫乾清宫作用相同，外檐悬康熙御书"圆明园"匾额。奉三无私殿为祭殿，是每年正月举办宗亲宴之处，也是各部院衙门向皇帝呈览贡品、物件、图册的地方。九州清晏殿初建时是清帝主要寝宫，雍正驾崩于此。乐安和在奉三无私殿西侧，是乾嘉时期皇帝的寝殿，道光中叶改建为慎德堂。慎德堂为道光喜居的寝宫，道光病逝于此。清晖阁居乐安和西侧，被乾隆称为"御园第一避暑地"，乾隆每于上元节前夕，都会在这里张灯列宴，侍奉皇太后庆赏。

● 唐岱、沈源乾隆九年绘《九州清晏图》

同道堂在九州清晏殿西侧，咸丰特喜在此园居。天地一家春为中轴线东侧后妃寝宫诸院的统称，嘉庆出生在这里。

（3）福海区

福海位于圆明三园中心，是园内最大的水面，近于方形，长宽约 600 米，总面积约 28 公顷，加上周围水域共计 35 公顷。

福海水面开阔，风光秀丽，环列周围的十个小岛将岸线分为大小不等的十个段落，临近水面的开阔地段布列不同的风景，充分发挥其"点景"与"观景"作用。如"方壶胜境""别有洞天"等，与福海隔而不断，若即若离，互为因借，形成开朗与幽深的对比。众多的园林佳境，以其不同的园林风格和诗画意趣组成以福海为中心的庞大风景群。盛时，福海是圆明园的水上游乐中心，为泛舟游湖、观龙舟、观烟火的绝佳场所。每遇端午前后，皇帝和后妃们便在此观赏龙舟竞渡；七月十五日中元节，清帝在此观赏河灯；冬日结冰后，皇帝喜欢乘坐冰床及冰船在福海游赏。

平湖秋月，"圆明园四十景"之一，亦为圆明园内"杭州

● 唐岱、沈源乾隆九年绘《平湖秋月图》

西湖十景"之一。位于福海北岸。为秋夜赏月佳处，主要由一组散布的临水建筑组成，核心建筑平湖秋月为南向大殿。殿东五孔桥外有一倚山高台，高台上建有一座四方重檐亭——"两峰插云"，亦为杭州西湖同名景，为重阳登高之处。

每逢清风徐徐的秋夜，湖平如镜，月光如昼，空透、轻盈、典雅的建筑与湖面、花木、皓月、倒影，融洽协调地组成娴静优美的图画。当平眺福海广阔的水景时，亦可领略"水底有明月，水上明月浮""万顷湖平长似镜，四时月好最宜秋"的优美意境。置身于这样的环境，令人遐想联翩，回味无穷。

(4)西北区

西北区是指九州区以西以北、福海区以西以北的区域。该区有圆明三园制高点紫碧山房、皇家祖祠安佑宫、皇家藏书楼文源阁、皇家大戏楼同乐园、皇家宫市买卖街、清帝寝宫万方安和等多处别具特色的景点。多组功能不同、风格迥异的景观作集锦式布局，串联成一个有机整体。青山逶迤，河湖交织，构成开合变化、层层叠叠的园林空间。加上平展开阔的水田和茂盛的林木花卉，整个景区呈现一派花团锦簇、气象万千的动人画面。一系列园林小景布列溪河两岸，婉转多姿，大大丰富了风景层次，小中见大，收放自如，成功地模拟了江南风光和自然田园景色。

万方安和，"圆明园四十景"之一，位于后湖西北侧。俗称万字房，是清帝的重要寝宫之一。在通风、保暖和采光等方面都有独到之处，具有冬暖夏凉之妙，四时皆宜居住。雍正特喜在此园居。本景以一片南北纵深205米、东西宽约130米的湖水为中心，四面岗阜起伏环抱，镜湖倒影，景界开阔明净，风景甚为幽雅。

主体建筑万字房矗立在碧波如镜的水池中，是一座三十三间、成"卍"字形的大型殿堂，东西南北室室曲折相连，各间

● 唐岱、沈源乾隆九年绘《万方安和图》

的面阔、进深均等。随朝向、阴阳与季节的不同，各区域室内的温差也随之变化，可根据季节交替选择适宜的房间居住。万字房外形美观，造型独特，其条石基础深埋于湖底，整个建筑犹如漂在水上，仅设桥与岸相连。

2. 长春园

(1)中式园林区

长春园有 20 余处景群，利用洲、岛、桥、堤将大片水面划分成若干不同形状、有聚有散的水域，开朗中透着幽邃。环湖周边的陆甸上，排列着十余组景点，组成陆地外环游线，同时由大小湖面组成水上内环游线。长春园水域尺度相宜，最大湖面两岸都在200米以内，符合人的合理视觉尺度，水面的开合处理也很恰当。山容水态，各具特色。整体布局和谐、有序。长春园就园林风格来分，大致分为中式园林区和西洋楼景区。中式园林区在长春园南部，包括澹怀堂、含经堂、蕴真斋、玉玲珑馆、海岳开襟等景点。

海岳开襟，为长春园内最壮观的建筑群，位于长春园西部的湖心。海岳开襟耸立在两层圆台上，周边用白石砌齐，并护以汉白玉栏杆。华丽的建筑群既像托于玉盘之上，又像漂浮于云水之间，浮光丽影，格外动人。远望如海市蜃楼，近睹如登仙界。下层圆台四面各设码头，可乘船往来。正中的殿宇为三重檐的亭式方楼，分上、中、下三层。四周都有围廊环绕。方楼顶部为四脊攒尖顶，壮丽高敞，为登高望远之佳处。方楼东西各有配殿一座，前后各有殿宇一座。

海岳开襟东西两侧建有多处景点建筑。其中，流香渚位于海岳开襟水面西岸，为高台重檐四方亭，临水亦设码头，是从圆明园进入长春园后泛湖放舟之处。半月台，在海岳开襟东岸，

● 海岳开襟遗址旧影(中国营造学社摄于20世纪30年代)

是登台望月之处。

（2）西洋楼景区

长春园北部有一处欧式园林，俗称"西洋楼"。包括西式建筑、大型喷泉、若干小喷泉以及园林小品等，总面积约8公顷。西洋楼始建于乾隆十二年（1747），乾隆二十四年（1759）前后基本建成。由西洋传教士意大利人郎世宁、法国人蒋友仁和王致诚、捷克人艾启蒙等设计和指导，中国匠师建造完成。主要景点有谐奇趣、方外观、海晏堂、远瀛观、大水法等。

西洋楼的规划设计没有单纯模仿和照搬欧式风格，而是进行了中西结合的尝试。西洋楼以建筑及喷泉为主要内容，采用规则的几何形构图，装饰精细华美。建筑形式具有"巴洛克"风格，造园形式具有"勒诺特"风格。尽管其面积只占圆明园的百分之二，在总体规划上无足轻重，更多意义上属于局部的点缀，但它满足了清帝的猎奇心理，丰富了圆明园的景观和文化内涵，为其增添了异域色彩，使"万园之园"更加实至名归。西洋楼是中国大规模仿建欧式园林的成功尝试，可谓中西合璧的艺术精品，在世界园林史及中外文化交流史上，具有重要地位。

海晏堂，由正楼、"工"字蓄水楼及周边喷泉群组成。正楼朝西而建，楼前左右有弧形叠落式石阶数十级，环抱楼下的喷泉池。左右石阶的内外两侧为汉白玉西式栏杆，栏外各有一道汉白玉水槽。楼门前左右石阶内外分置石鱼、石狮各一对，皆从口中喷水射入石槽，水顺槽而下，形成叠落瀑布，导入阶前喷泉池。海晏堂前边的大型喷泉池略呈菱形，池中有一座圆形铜喷水塔。喷泉池的东沿正中，高耸着一尊巨型石雕贝壳形番花；在石贝前下方的"八"字形高台上，分列着十二只人身兽头铜质雕像，南侧依次为鼠、虎、龙、马、猴、狗，北侧依次为牛、兔、蛇、羊、鸡、猪，这就是俗称"水力钟"的十

十面面堂晏海

● 《西洋楼铜版画·海晏堂西面》

二生肖喷泉。

　　海晏堂后的平台楼，建筑平面为"工"字形，是附近喷泉群的供水楼。工字楼两端房内装提水机械，各有三开间小屋凸出于屋顶平台上。中段是蓄水楼，下边是一座大型海墁高台，台上是可蓄水 162 立方米的大型蓄水池。工字楼东部有四折盘旋石阶，可直通至主体建筑的屋顶平台。

3. 绮春园

　　绮春园规模大致与长春园相当，虽由数个小园林合并而成，但处理恰当，特别是水体相连，山势呼应，并没有凌乱拼凑的感觉。其景致以婉约多姿、秀丽动人见长。小空间和小布局的方法，使整体风格比较自由。注重居住环境和生活空间的设计，并不强调建筑的雄伟壮丽，除宫门等建筑外，很少采用轴线布置的方法，即便是出现了轴线的建筑群，也巧妙地利用山水的穿插打破中轴对称的格局，形成了一个个随意自如、精致小巧的园林景观。主要景点有迎晖殿、畅和堂、正觉寺、澄心堂、清夏堂等。

正觉寺，位于绮春园宫门之西，与绮春园既有后门相通，又单设南门，独成格局。正觉寺虽是圆明园众多寺庙中的一个，但在各个寺庙中，其僧侣大多是由太监充任的，唯有正觉寺从落成起，即由喇嘛经管，因而俗称喇嘛庙。非念经时间，正觉寺的喇嘛不准进入园内，只能在寺内礼佛、拈香、念经。

山门外檐悬乾隆御书汉、满、藏、蒙四种文字合璧的石刻匾额"正觉寺"。山门内左右分列钟、鼓楼。寺内中轴线上的主要建筑自南向北依次为天王殿、三圣殿、文殊亭、最上楼。天王殿面阔五间，位于山门后。三圣殿为正殿，面阔七间，殿里供奉着西方三圣。文殊亭为八方重檐亭。最上楼为后楼七间，楼东西各有三间顺山殿。最上楼、三圣殿前各有东西配殿五间，其周围廊房则为喇嘛住所。

● 正觉寺山门

● 正觉寺三圣殿

● 正觉寺文殊亭

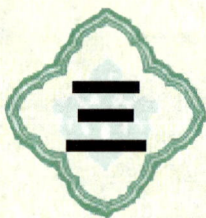

三

圆明园文化

作为一座集万千宠爱于一身的皇家园林，圆明园体现着中国广博而高深的造园思想与园林文化，这不仅反映在其崇尚自然、注重意境、突出皇权又不失实用的造园理念上，也反映在其拟各地风景名胜、仿四方特色园林、倾注诗画意境、营造各色景观的取材造景上。大至园林规划，小至匾额楹联，无不充满象征意味，集中体现着博大精深的中国文化。另外，园内装饰精美，陈设繁多，各种古董收藏、书画典籍，无一不是价值连城的工艺精品、文化精粹。可以说，圆明园不仅是一座奢华靓丽的典范园林，更是一座规制宏大的博物库。

1. 园林文化

（1）造园理念

师法自然

"崇尚自然，师法自然"是中国园林所遵循的一个原则。在这种思想的影响下，中国园林把建筑、山水、植物有机地融

为一体，在有限的空间内利用自然条件，模拟自然美景，经过加工提炼，把自然美与人工美统一起来，创造出与自然环境协调共生的艺术综合体。圆明园是中国古典园林的登峰造极之作，在师法自然的过程中，追求"天人合一"的境界，取得了极高的文化艺术成就。

营造意境

"意境"是中国古代园林所追求的一种最高境界。园林空间，不仅是一种物质环境，还是一种精神环境，一种能给予人们思想感悟的环境。圆明园通过不同手法创造了多种意境空间，最为主要的大体可分为三种，即"治世境界、神仙境界和自然境界"。儒家讲求实际，有高度的社会意识，关心社会生活、人际关系，重视道德、伦理价值和治理国家的政治意义，他们是古代社会中治世的一派，多为当政者或准当政者。这种思想反映到园林造景上就是治世境界。老庄讲求自然恬淡，他们大多是古代社会中的在野一派，以静观、直觉、浪漫为审美观，艺术上表现为自然境界。佛、道两教追求幻想的天国仙境，在园林造景上反映为神仙境界。

突出皇权

皇家园林为皇室服务，并按皇权文化特定的文化指向，规划其规模，建造其景象，实现其功能。圆明园与其他皇家园林一样，是帝王生活环境的重要组成部分，在园林结构上保持着皇家尊严的本色，分区较为明确，由政务区、生活区和游览区组成。政务区和生活区布局严整，构图近乎宫殿式。园林中有轴线对称，保持皇家规制，主体景观正大光明及九州清宴突出鲜明，并作为构图中心统帅全园。整体规划布局反映着"普天之下，莫非王土"的王天下思想和"移天缩地在君怀"的"君临天下"思想。这种布局在思想意识上渲染了皇帝至高无上的地位。

注重实用

从宏观角度看，园林是人类为了生存和生存得更好而开辟或营建的与自然联系、作为生活必需并寄托心灵境界的空间。清帝极为注重圆明园环境的舒适、方便与实用。如出入贤良门东西两侧设有罩门，东罩门为各衙门凌晨呈递奏折之处，这里离正大光明殿、勤政亲贤殿及各部院衙门值房距离都不远，便于清帝就近及时处理政务。正大光明殿南侧为各部院衙门的办公场所，东侧为日常处理政务的勤政亲贤殿，北侧隔前湖与寝居的九州清宴殿相望，西侧为太后经常居住的长春仙馆，这种"十"字形的布局，使清帝的园居生活十分便利。皇子读书的上书房、宫廷艺术家工作的如意馆都位于洞天深处，离清帝居住的九州清宴殿和办公的勤政亲贤殿都不远，便于皇帝就近观摩

● 海晏堂遗址今貌

和指导。另外，园内各处都有清帝的临时寝宫，西洋楼景区也有重要建筑如远瀛观、海晏堂等，但由于西式建筑不适于居住，所以一般只作为观赏性的景观，而不在此设置寝宫。长春园澹怀堂设有较为完善、科学的地下排水系统，便于及时排水，避免积水，这也是实用化的精心设置。

(2) 造景取材

模拟各地风景名胜

圆明园的福海沿岸特意借鉴和模拟了杭州西湖景观。其布局立意与西湖有异曲同工之妙。福海开拓于雍正时期，雍正在位期间虽没有南巡过，但他在皇子时期曾亲身领略过西湖的绝美。所以在建园时，就以西湖为蓝本，进行写意模拟。仅在福海周边就精心布置了平湖秋月、两峰插云、雷峰夕照、曲院风荷、南屏晚钟五处西湖同名景观。

西峰秀色"小匡庐"，山体主要由巨石叠成，起伏多姿，有高山瀑布，是庐山风景的缩写。紫碧山房为全园最高的堆山，模拟祖国西北的昆仑山。上下天光"垂虹驾湖，蜿蜒百尺。……凌空俯瞰，一碧万顷，不啻胸吞云梦"，是取法于云梦之泽。

仿建各地特色园林

仿建各地园林景观并加以变异，这是丰富圆明园园林文化、增添园林美景的有效手段。圆明园是融糅南北园林艺术的杰作。明清时期，江南园林艺术取得了极高的成就，影响及于北方的皇家园林。清帝多方吸取江南园林的布局、结构、风韵、情趣之长，引入圆明园中，极大地丰富了这座皇家御苑的艺术风貌。安澜园、小有天园、狮子林、如园即分别模仿当时江南的海宁陈氏隅园、杭州汪氏园、苏州狮子林、南京瞻园而建成。无锡的寄畅园、宁波的天一阁、嘉兴的烟雨楼、会稽的兰亭、盘山的云林石室、扬州的趣园、江苏清江浦的河神庙、保定的古莲池等等，都在园内得到了艺术的再现。

狮子林遗址今貌

借用前人诗画意境

圆明园融诗书画于一体，以诗境、画意来规划和设计景观，使园林空间成为诗书画艺术的载体。其造景取材与诗词书画有着密切的关系，给人以诗情画意的美感。圆明园巧妙地再现和融会了前人诗情画意的艺术特色，仅从一些景点的名称中就可见一斑。如"上下天光""杏花春馆""武陵春色""澹泊宁静"等，其名称出处和意境，大多耳熟能详。北远山村和唐代诗人、画家王维的田园诗以及《辋川图》有密切关系，乾隆在诗中也曾清楚地写明了该景的构思来源。

建设佛教功能景观

佛教文化是圆明园文化不可分割的组成部分，佛教建筑在圆明园也有多处。清代统治者推崇佛教，一方面是出于笼络边疆少数民族，稳定边陲局势，维护国家统一的需要；另一方面

三

圆明园文化

也暗含有真诚的宗教信仰因素在内。这种皇家所提倡的双重意义上的佛教意识在圆明园中表现得十分明显。藏传佛教在清代尤其得到了统治者的重视和支持。清帝为了实现"合内外之心，成巩固之业"的政治理想，顺应蒙、藏等少数民族信奉藏传佛教的习俗，采用"因其教不易其俗"和"以俗为治"的措施，兴建了风格各异的寺庙，旨在通过"深仁厚泽"达到"柔远能迩"，而佛教本身的宗教内涵，也使之成为皇家必需的信仰崇拜。

象征道教的仙山楼阁

秦始皇建兰池宫并筑蓬莱山，汉武帝在建章宫太液池筑蓬莱、方丈、瀛洲三岛，开"一池三山"模式之先河。"一池三山"在圆明园也得到继承和展现。借用"一池三山"的模式，使园境超越"尘世"，走进"仙境"，是圆明园的匠心之举。相传，东海中有三座神山，山上有仙人居住，还有长生不老之药。秦始皇曾派徐福率数千童男童女，前往寻访，圆明园福海的命

福海东岸西望

名及蓬岛瑶台的景观设置正是取"徐福海中求""三神山"的寓意，以求皇帝长生不老，大清帝国江山永固。

营造植物主题景观

运用植物造景，突出植物的形象及寓意，是圆明园的一个重要特色。如牡丹台、竹子院、梧桐院、玉兰堂、杏花村、桃花坞等。尤其以荷为造景主要内容的景点最多。多稼如云芰荷香殿前边为大片荷池，并有莲花四方亭，是盛夏赏荷的最佳处所。乾隆多次侍奉皇太后在此进膳、观荷。濂溪乐处有荷香亭及荷香书屋，乾隆御制《濂溪乐处》诗序曰："苑中菡萏甚多，此处特盛。小殿数楹，流水周环于其下。每月凉暑夕，风爽秋初，净绿粉红，动香不已。想西湖十里，野水苍茫，无此端严

● 唐岱、沈源乾隆九年绘《濂溪乐处图》

三 圆明园文化

清丽也。"

设置田园风光景观

皇家园林的风格一般是巍峨壮观、金碧辉煌，缺少质朴自然的田园生态风光。而圆明园运用田园风光营造一些别致景观。从审美的视角看，这种平凡朴远的田园风，对于皇家园林来说，是一种有效的自我调节。在富丽堂皇的宫苑中，适当杂以田园风光，具有"以质朴济富丽"的审美功能。圆明园有不少以田园农家风景为观赏主题的景观，如杏花春馆有杏花村、菜圃等村落景象，其他小景也均围绕这一主题，远近景色均现出一派田间风光。北远山村是坐落在一片稻田中的农耕村舍，各房舍题名均与农事有关，田园意味很浓。

(3) 匾额楹联与石刻

圆明园将传统思想文化的内涵与意境，体现到建筑、山石、水体和植物的精致组合中，然后通过匾额楹联，加以解读，从而突出主题，渲染意境，并使之不断得到强化。圆明园的楹联匾额及石刻等设置，丰富了园林的文化韵味，显示了皇家气派和帝王风范。其内容可概括为：表述景观主题、彰显道德风尚、抒发意蕴文采、援引典故源流、倡导风雅教化、暗合使用功能等。它们使景观内涵更趋饱满，也使景观画面中的建筑眉目更为清楚，形象更趋亲切。

圆明园的景名创意，包含有传统思想的丰富内涵。仅从单体建筑之一，即楼的命名就可见一斑。园内的数十座楼宇，不仅名称各异，而且各具韵味，如引见楼、聚远楼、曙光楼、富春楼、鉴光楼、山色湖光共一楼、宝云楼、远风楼、爱山楼、纳翠楼、翠扶楼、景晖楼、澄素楼、霁华楼、片云楼、山影楼、引凉小楼、松云楼、旷然楼、澄景楼、清旷楼、华照楼、晴望楼、芳晖楼、披襟楼、法源楼、问月楼、含光楼、涵月楼、含碧楼、含辉楼、烟雨楼、烟月清真楼、畅襟楼、澄练楼、藏密楼、染霞楼、碧云楼、眺爽楼、待月楼、抱清楼、对云楼、互妙楼、涉趣楼、稻凉楼、天真可佳楼、影山楼、临湖楼、湛景楼、延景楼、梵香楼、琼华楼、四佳楼、栖云楼、凝香楼、凝眺楼、安止楼、锦绮楼、翡翠楼、紫霞楼、寻云楼、时登楼、最上楼等。即便是西洋景点的命名，也脱不开传统文化理念的渗透，如谐奇趣、海晏堂和远瀛观，其寓意仍是传统的天下和谐与太平之意。

在圆明园诸多景名中，以植物为主题命名的也为数不少。这些景名或取园林树木之绿、翠、荫、碧，或取花草稼禾之香、艳、芳、芬，或直接冠以松、柳、桐、桃、杏、桂、荷、玉兰和牡丹之名，循其名便可推知其园林植物配置的大概。

中国园林中的景观题名，颇多四时皆备的，体现出"与天地合其德""与四时合其序"之美。圆明园对于四时季相也力求全备。见之于景点题名的有春雨轩、春泽斋、清夏堂、涵秋馆、生冬室等，还有四宜书屋，即所谓春宜花、夏宜风、秋宜月、冬宜雪，它力求适应四时最佳季相及其转换，力求将流动

生冬室遗址

三

圆明园文化

的四时，交感于一个审美空间。

圆明园还有些景点是清帝醉心于佛道，按照佛道思想而命名的，如淳化轩的理心楼、宝相寺的观大圆境、法慧寺的福佑大千、茜园的太虚室等。也有一些景点是根据使用功能直接命名的，如勤政亲贤殿因清帝处理政务而命名，淳化轩因储存《淳化阁帖》而命名，养雀笼因用于饲养孔雀等珍稀禽鸟而命名。此外，圆明园景点命名别具特色，且体现文化内涵丰富的方式尚有以下几种：

借用他名

如借用西湖十景中的平湖秋月、雷峰夕照、南屏晚钟、三潭印月、双峰插云、曲院风荷、柳浪闻莺、苏堤春晓、断桥残雪、花港观鱼。借用狮子林、小有天园、安澜园、惠济祠、河神庙等同名景，以及神话传说中的地名如凤麟洲等。舍卫城本是一处佛教圣地，原为古印度桥萨罗国之都城，传说释迦牟尼曾在那里弘扬佛法达 25 年之久，因此舍卫城之名也就有了超越地名的意义，成为佛教文化的象征，圆明园佛城即以舍卫城命名。"澄心堂纸"为书画纸精品，南唐后主李煜视这种纸为珍宝，赞其为"纸中之王"，并特辟自己平时宴居、读书、阅览奏章的"澄心堂"来贮藏它，绮春园"澄心堂"命名即由此而来。

借鉴诗画

圆明园有不少景观模拟了传统诗画的意趣，武陵春色、夹镜鸣琴、蓬岛瑶台等是这类景致的代表，其命名也是渊源有自。上下天光景名取自范仲淹《岳阳楼记》"至若春和景明，波澜不惊，上下天光，一碧万顷"句。杏花春馆景名取自晚唐诗人杜牧绝句《清明》："清明时节雨纷纷，路上行人欲断魂。借问酒家何处有，牧童遥指杏花村。"李思训是唐代著名的山水画家，被列为中国古代山水画的北宗，开创了金碧青绿山水画风，蓬岛瑶台是仿其"一池三山"画意建造。

隐喻伦理

圆明园有不少景点题名宣扬有利于封建统治的意识形态，宣传儒家的哲言、伦理和道德观念。如正大光明、勤政亲贤、坦坦荡荡、茹古涵今、汇芳书院、廓然大公、涵虚朗鉴、澡身浴德、澹泊宁静、山高水长、奉三无私等。廓然大公出自程颢《定性书》之"君子之学，莫若廓然而大公，物来而顺应"。奉三无私出自《礼记》之"天无私覆，地无私载，日月无私照，奉斯三者以劳天下，此之谓三无私"。山高水长出自范仲淹《严先生祠堂记》"云山苍苍，江水泱泱，先生之风，山高水长"。澹泊宁静出自扬雄《长杨赋》"人君以玄默为神，澹泊为德"，及诸葛亮《诫子书》"非淡泊无以明志，非宁静无以致远"。圆明园同乐园、长春园众乐亭出自孟子"独乐乐，不如与人乐乐；与少乐乐，不如与众乐乐"。这些题名多引经据典，突显了道德标榜和

037

🔸 澹泊宁静遗址

三

圆明园文化

修身养性之意。

引用典故

圆明园一些景点的命名援引自广为人知的典故和寓言故事。如"鱼乐"的典故源出于庄子的思想。坦坦荡荡知鱼亭之"知鱼"题名点出庄子与惠子在观鱼时充满哲理的对答。《庄子·秋水》记载道，庄子与惠子一同在濠水的桥上游玩，庄子说："水中的鱼儿游来游去，是多么快乐呀。"惠子说："你不是鱼，怎么知道它很快乐呢？"庄子说："你不是我，又怎么会知道我不知道鱼儿很快乐呢？"庄子的无为浪漫、逍遥悠游的思想，对后世士大夫们影响很大。在园林中设立观鱼景点，也就是攀附庄子那种厌倦人世，与自然息息相通的隐逸思想。知鱼亭直接点明了观鱼和鱼乐主题，同时，圆明园也借由这一文学故事，丰富了园林内在的意蕴。此外，武陵春色对陶渊明"桃花源"典故的运用，也同样在造景、点题及意境上让人神往不已。

盛时的圆明园，匾额楹联随处可见，与匾额的言简意赅相比，楹联在揭示园林的景观意蕴、文化渊源与道德追求方面更加深刻和充分。比如，正大光明殿内悬挂有雍正御书联曰：心天之心而宵衣旰食；乐民之乐以和性怡情。圆明园殿前檐悬挂有康熙御书"圆明园"三字匾，与之相对应的是雍正居藩邸时所书楹联，曰：每对青山绿水会心处，一丘一壑总自天恩浩荡；常从霁月光风悦目时，一草一木莫非帝德高深。九州清宴殿后檐明间贴有雍正御书对联一副，曰"天恩春浩荡；文治日光华"。天然图画五福堂有雍正御书联曰："欣百物向荣，每识乾坤生意；值万几余暇，长同海宇熙春。"

圆明园石刻众多，在遗址上保存至今及散落在外的仍有数十种，涉及狮子林、茜园、花神庙、含经堂、文源阁等景点。从中可反映出清代的书法石刻艺术、圆明园的微观形象及当时的政治经济文化等多方面情况，也可看出清帝在园内的一些活

● 原花神庙莳花碑

动情形。如现存北京大学的两块莳花记事碑，这两块碑由圆明园总管太监所立，原竖立于圆明园花圃与花神庙之侧。二碑均为汉白玉质地，碑身雕刻有龙纹图案。这两块碑记载了圆明园内"嫣红姹紫，如锦如霞，露蕊晨开，香苞午绽，吐艳扬芬，四时不绝，阴阳和谐，二十四番风信咸宜，寒燠均调；三百六十日花期竞放"的优美景致，透露出当时园内的花树种植情况，两块碑的侧面还刻有圆明园花匠头目、园户及首领太监的姓名，由此可见分管园内花木种植与维护的人员在乾隆朝就为数不少。

2. 文化收藏

（1）装饰陈设

圆明园陈设、收藏有大量的艺术珍品，堪称一座规模空前、荟萃无数文物珍宝的"皇家博物院"。内务府建有"陈设档"，

三

圆明园文化

逐殿登记品名数量，并有定期核查制度，可惜"圆明园陈设档"迄今没有被发现，致使对其陈设的具体数目和详细情形不能确切而知。但通过对比同时期清漪园和紫禁城的陈设情况，或可大体推算出圆明园的陈设数量应不少于100万件。清漪园的陈设，管理严格，登记全面，内务府也专门建立"陈设档"进行管理。乾隆时期的陈设达47 000余件。嘉庆年间，达42 743件。道光时期，国力转窘，陈设数目减少。鸦片战争后，承德避暑山庄、清漪园、静明园、静宜园都开始裁撤陈设，独保圆明园。咸丰五年（1855），清漪园实有陈设37 583件。至咸丰九年（1859）尚有37 500余件。而且，这里所说的文物陈设不包括

● 海晏堂十二生肖喷泉之青铜牛首(现存保利艺术博物馆)

家具等日常用品类。考虑到清漪园并不是皇室主要园居之所，清帝只是偶尔到此一游，且其建筑面积比圆明园小得多，由此判断圆明园的陈设有数十万，甚至上百万都是不夸张的。再以圆明园与紫禁城相比，圆明园的建筑面积达 20 万平方米，比紫禁城多 4 万多平方米，两地所居住皇室成员的结构也基本相同，建筑内部的陈设格局、模式和品类也大体相似，故宫博物院现有文物 180 余万件，由此也可初步估算盛时圆明园的陈设不会少于 100 万件。

古今中外之人无不对圆明园规模庞大、内涵丰富的装饰收藏交口赞誉。法国学者布立赛说："法国人往往把圆明园与路易十四和路易十五的凡尔赛宫相比拟。其实，圆明园远不止于此。它更为广阔浩大，因有大量皇家宫廷收藏，它的珍宝典籍也更多，尤其是乾隆积累下来的庞大而罕见的文化艺术宝库。这座皇宫御苑（兼配有植物园和动物园），亦为博物院和图书馆。"法籍华裔学者邱治平认为："圆明园不只是离宫御园，也是博物馆，是建筑博物馆，园林艺术博物馆；更因其收藏罕见的珍品和典籍，可称为文化艺术博物馆。"参与焚毁圆明园的法军上尉巴吕就证实说："第一批进入圆明园的人，以为是到了一座博物馆，而不是什么居住场所。因为摆在架子上的那些东方玉器、金器、银器，还有漆器，不论是材料还是造型，都是那么珍稀罕见。那简直就像欧洲的博物馆。"法国军医阿尔芒•吕西更感慨道："世界第八大奇迹！""我为我看到的东西所震惊，瞠目，惊呆！现在，《一千零一夜》对我来说，完全是实实在在的东西。"大文豪雨果也慨叹："法国所有大教堂的财宝加在一起，也许还抵不上东方这座了不起的富丽堂皇的博物馆。"法国历史学家皮拉佐莉认为，圆明园曾容纳了物质世界所能创造的最精美、最罕有的东西。"这些屋子里到处摆设着古玩，我们像在博物馆里看古玩一样地观赏。……去列举所有从圆

三

圆明园文化

海晏堂十二生肖喷泉之青铜虎首(现存保利艺术博物馆)

明园中所盗劫出来的珍宝将是一件无边无际的工作。……额尔金莫名其妙地也说："我喜欢圆明园内所收藏的许多许多东西……'。""在宫殿不同的房间里，您可以看到所有您可以想象得到的最美丽的东西，像家具、装饰物和绘画(我当然是以中国人的口味来说的)；最有价值的中国和日本木制品和漆器制品；古代景泰蓝花瓶，丝绸和金银、衣物。这些物品聚集在那里，使艺术性和鉴赏性融为一体，更显示出一种自然的富有。""不需要再去描绘那些宫殿里的东西。要去形容那些物质的和艺术的珍品已感词穷。在此之前我们所看到的只不过是当时那个景象的一个小小的缩影。这是《一千零一夜》中的场景，是一种幻境，就是狂想也想象不出我们眼前确实存在的现实。"蒙托邦说："在我们欧洲，没有任何东西能与这样的豪华相比拟。我无法用几句话向您描绘如此壮观的景象，尤其是那么多的珍稀瑰宝使我眼花缭乱。"蒙托邦所任命的战利品委员会法方代表保罗·瓦兰说："到处都是装饰着宝石的金银器，嵌着密密麻麻的金银丝图案的刀剑，镶着绿松石和珍珠的金银托架，还有纯金的偶像，用天然珍珠串制成的花果、树木盆景，用各种最珍稀的材料混合绞制而成的小楼阁。真是洋洋大观，令人目不暇接，大饱眼福！"

（2）典籍书画

《四库全书》

《四库全书》是我国历史上规模最大、最完备的综合性丛书。《四库全书》自乾隆三十八年至五十三年（1773～1788）经 15 年时间修成，共 8 亿字，收入先秦至乾隆朝的各类图书共计 3 503 种，分经、史、子、集四大类。《四库全书》第一次全面整理和抄录了中国古代各种典籍，内容浩瀚，包罗万象，成为中国传统文化的文献总汇。《四库全书》编成后共抄写 7 部，第 3 部于乾隆四十八年（1783）藏于圆明园文源阁，其每册首尾，都钤有"文源阁宝""圆明园宝"的宝玺。为方便自己阅读，乾隆特命编纂《四库全书荟要》。它精选《四库全书》的重要篇目，共计 1.2 万册，总共只誊抄了两部，一部贮藏在紫禁城，一部收藏于圆明园含经堂味腴书室，用"味腴书室"玺，以示区别。咸丰十年（1860），藏于圆明园的文源阁本《四库全书》和《四库全书荟要》被英法联军焚毁殆尽。

《古今图书集成》

《古今图书集成》是世界上现存规模最大、保存最完整的类书。《古今图书集成》由清廷组织力量历时 16 年修成，共 5 020 册，1 万卷，1.7 亿字，初版仅 64 部加 1 部样书，圆明园文源阁藏有一部。《古今图书集成》分历象、方舆、明伦、博物、理学、经济六编，编下分典，典下分部，分类摘编先秦至康熙

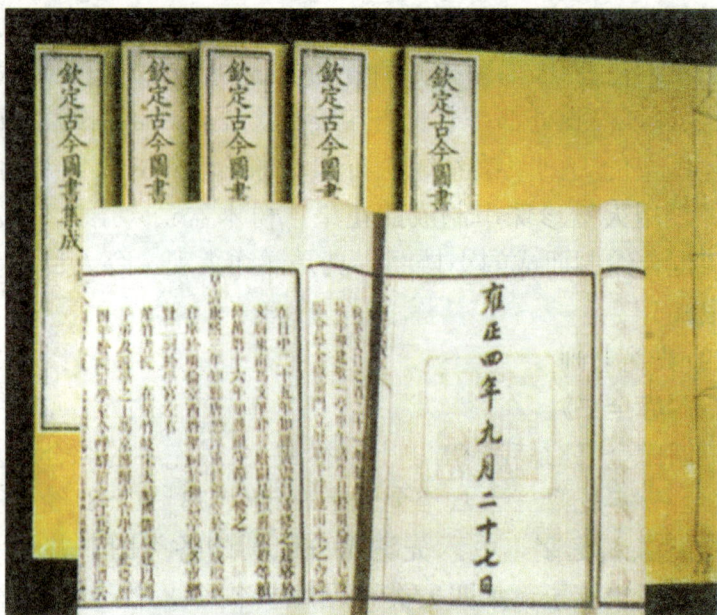

● 《古今图书集成》书影

朝的大量文献，可谓中国古代保留至今最大的百科全书。

《钦定重刻淳化阁帖》

《淳化阁帖》是我国历史上第一部大型丛帖，被誉为诸帖之祖，其初拓本被珍藏于圆明园含经堂淳化轩。乾隆《钦定重刻淳化阁帖》拓印本和摹帖版刻石，也是书法艺术珍品。《钦定重刻淳化阁帖》拓印本拓于乾隆三十八年（1773），圆明园共收贮18 部，存放在保合太和殿、狮子林等处。摹帖版刻石始刻于乾隆三十四年（1769），至三十七年（1772）刻成，共 144 幅，镶嵌在淳化轩前边的廊壁上，仅有一套，弥足珍贵。

《兰亭八柱之册》

乾隆四十四年（1779），乾隆将原坐石临流的小亭改建成重檐八方亭，原来的石柱换成方形青白石柱，乾隆还把从内府藏帖中辑得的历代书法名家《兰亭帖》墨迹 6 册，及大学士于敏中补柳帖之漫漶（缺笔）一册，再加上乾隆自己临摹董其昌所仿

● 原坐石临流"兰亭八柱"，现存北京中山公园

《柳书兰亭帖》一册，合为《兰亭八柱之册》，并在每根柱上摹刻一册。这就是圆明园八柱兰亭。还在亭中竖立一座巨型石屏，正面刻绘有王羲之等人的《曲水流觞》图景，碑阴刻乾隆御制诗文数篇。

《寒食帖》

《寒食帖》是苏轼行书的代表作，被称为继王羲之《兰亭序》、颜真卿《祭侄文稿》之后的"天下第三行书"。康熙时，《寒食帖》被大词人纳兰性德收藏，后被收归清内府，并被刻入《三希堂法帖》。乾隆在《寒食帖》上钤盖了不少印玺。咸丰十年（1860），圆明园罹劫时，收藏在园内的《寒食帖》被烈火烤焦边沿，险遭毁坏。时隔不久，《寒食帖》流落民间，后又被转卖入日本。第二次世界大战后，国民政府外交部部长王世杰委托友人在日本访觅《寒食帖》并购回。1959 年，王世杰题跋于《寒食帖》，略述该帖流亡日本以及从日本购回的过程："东坡先生

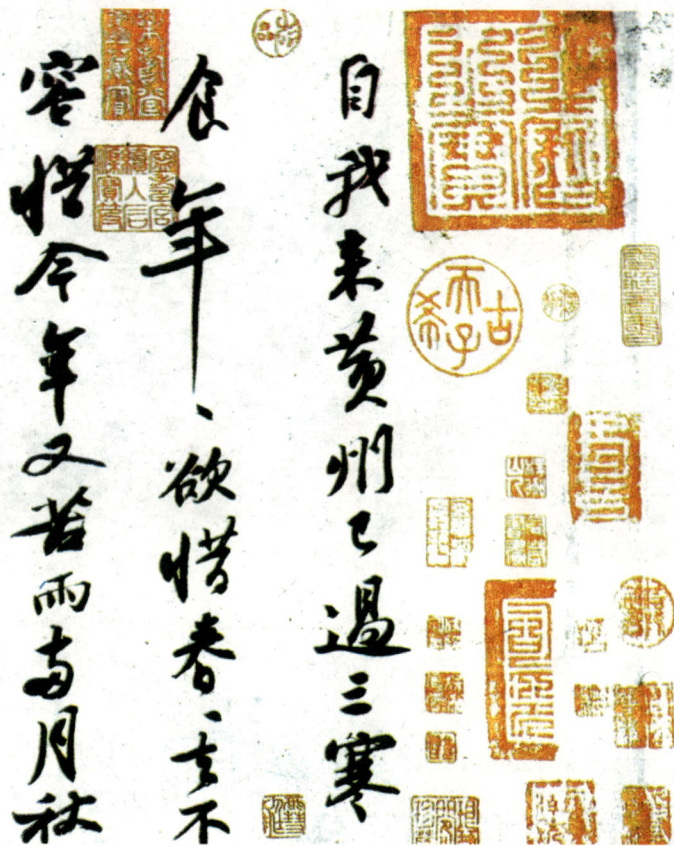

●《寒食帖》局部

此帖，曾罹咸丰八年英法联军焚毁圆明园之厄，尔后流入日本……第二次世界大战期间，东京都区大半为我盟邦空军所毁，此帖依然无恙。战争甫结，予嘱友人踪购得之，乃购回中土，并记于此。后之人当必益加珍护也。"

《圆明园四十景图咏》

《圆明园四十景图咏》是指由清代宫廷画师沈源和唐岱遵照乾隆旨意依据圆明园实景绘制、独成格局的四十处园林景观。该图为绢本彩绘，每幅图配有乾隆一首对题诗，由当时的书法家汪由敦代书。共计四十对幅，每对幅为左诗右图。全图分为上、下两册。首册画页之前分裱雍正御书《圆明园记》和乾隆御书《圆明园后记》。该图共钤盖有百余方印章，其中最大的一方为"圆明园宝"。这套彩绘图册前后历时十一载方告完工，记载了圆明园昔日之辉煌，是人们了解、认识圆明园原有风貌最直观、最形象的资料。"四十景图"以写实的手法描绘了圆明园鼎盛时期建筑和园林的风貌；"四十景诗"则以序和诗的形式揭示了圆明园的历史、政治和文化内涵。诗画结合，相得益彰。咸丰十年（1860），该图被法军上校杜潘掠至法国，后被法国国家图书馆收购，并收藏至今。

《圆明园大观图》

《圆明园大观图》是综合反映盛时圆明园全景的通景总图。由宫廷画师冷枚、唐岱、沈源和意大利画家郎世宁等人，历时两年半合作完成。配上巨型图框，通高 4.4 米，通宽 11.2 米，极为壮观。上有乾隆御题"大观"二字，俗称"大观图"。沈源绘房舍，唐岱绘山土树石，郎世宁绘大宫门外卤薄銮驾随从人员和园内打扫地面人物等。乾隆三年（1738）绘裱完竣后，张贴于九州清晏清晖阁。乾隆二十八年（1763）九州清晏遭火灾后，《大观图》经如意馆换裱找补颜色后，仍挂阁里。道光中叶清晖阁被拆除改建时，移挂于正大光明殿西墙。

《西洋楼铜版画》

《西洋楼铜版画》是西洋楼景区各座建筑、庭院的立面透视图，共 20 幅。该图对西洋楼各建筑的立面、形象以至细部尺寸，都有相当准确和客观的反映。该图先后分两次，共压印成纸图 200 套。它是我国印刷史上首次引进西欧铜版印刷工艺，自行刻版印刷的第一部印刷品，具有首创意义。该画的主画师是如意馆画师——满族人伊兰泰，刻制铜版则由造办处匠师完成。从乾隆四十六年（1781）起稿，历时五载，至五十一年（1786）印刷成图。图成之后，20 块铜版收藏于水法大殿，并在

《西洋楼铜版画·花园正面》

西洋楼各水法殿共陈列纸图 40 套，在圆明园、长春园另外 11 处殿宇也各贮一套。

唐人摹东晋顾恺之《女史箴图》

东晋顾恺之的《女史箴图》一直是历代宫廷收藏的珍品，世界上现存两幅摹本，一幅为宋人摹本，现藏于北京故宫博物院，另一幅为唐人摹本，现藏于大英博物馆。《女史箴图》的唐代摹本是当今存世最早的中国绢画，具有里程碑的意义，也是世界美术界公认的中国国宝。该摹本是乾隆的案头之爱，咸丰十年（1860）被英军大尉基勇从圆明园掠走。1903 年被大英博物馆收藏，成为该馆最重要的东方文物之一。

《耕织图》元代摹本

《耕织图》元代摹本分为耕作、蚕织两部分，耕图 21 幅，织图 24 幅，各附五言诗一首，共 45 幅，极为精美。图为纸本卷轴，均以水墨设色。乾隆命画院将该图双钩临摹刻石，每图并加题诗一首，至乾隆三十四年（1769）刻成，收藏于圆明园多稼轩。咸丰十年（1860），《耕织图》被劫掠，现存于美国。《耕织

● 《耕织图》(清乾隆年间印本)

图》刻石，今国家博物馆收藏有23幅，其中的14幅仍较为完好。

狮子林倪云林画作

圆明园狮子林收藏有乾隆《钦定重刻淳化阁帖》和《西洋楼铜版画》各一套，还收贮有三卷绢丝字画手卷，即乾隆御笔《题御园仿构狮子林前后八景》诗、《再题狮子林十六景》诗和《御临倪瓒狮子林图》。狮子林清閟阁以倪云林书阁名命名，以收贮倪云林画品为著。倪云林即倪瓒，与黄公望、王蒙、吴镇合称为"元四家"，其家中有一座三层的藏书楼"清閟阁"，还著有《清閟阁集》。他工于诗画，画山水意境幽深。至清乾隆时期，倪画真品已较为少见，乾隆仍精选倪画6种置于此阁，该阁还贮有一幅

三

圆明园文化

明代杜琼所摹倪云林《狮子林图》。

淳化轩元人画作

淳化轩不仅以《钦定重刻淳化阁帖》为世人所知，而且还收藏有大量的历代书画珍品。仅目前分藏于北京故宫和台北故宫的元人画卷就有钱选《浮玉山居图》、赵孟頫《人骑图》、郭畀《雪

赵孟頫《人骑图》

竹图》、朱德润《秀野轩图》及王蒙《夏日山居图》等煊赫名迹。书法作品则有传为三国钟繇的《荐季直表》墨迹，唐颜真卿《自书告身帖》墨迹，宋苏轼、米芾、王诜等人的诗帖，等等，均属稀世墨宝。这些书画上一概钤"淳化轩图书珍秘宝"及"淳化轩""乾隆宸翰""信天主人"组印。当年珍藏在淳化轩中的宋毕士安《淳化阁帖》初拓赐本十卷今仍完好收藏于故宫博物院。

九州清晏画禅室名画

九州清晏"池上居"是皇帝收贮明代书画家董其昌所品题《名画大观》及宋元明真迹之处，因董其昌旧有"画禅室"，乾隆即借其名为此室匾额。乾隆十四年（1749），乾隆聚董其昌品评之《名画大观》及虞世南临《兰亭帖》等真迹，贮藏于此。乾隆四十八年（1783）"初夏池上居"诗注曰："宫中画禅室所弆董其昌名画大观册及黄公望山居图、米友仁潇湘图、李唐江山小景、宋元明真迹册，又予新集唐五代宋元王维、周昉等画帧。凡幸圆明园，则携来以贮此室。"

四

圆明园的人与事

052

普通御苑仅供帝王后妃消遣娱乐之用，而圆明园的意义远非如此，它是五代皇帝长期居住生活、处理朝政之所，是其身体与精神的真正"家园"，他们每年都有大半时间居住园中，一边"日理万机"，一边悠游娱乐。也正因如此，圆明园成为一个承载许多故事的地方。嘉庆帝、咸丰帝在此出生，雍正帝、道光帝在此去世。帝后在此起居、宴宾、观剧、礼佛，君臣在此骑射、游乐、外交、议政。帝王的园居生活，既丰富多彩又波澜诡谲，很耐人寻味。可以说，发生在圆明园中的影响中国近代史的重大事件，从某个角度反映出清朝的兴衰，而圆明园正是这段跌宕历史的见证者。

1.皇帝园居生活及理政

(1)"家国之间"

圆明园不是普通的御苑，而是五代皇帝长年居住生活并处理朝政之所，即所谓"凡莅官治事，一如内朝"的大型皇家宫苑，前后长达 130 余年之久（1723～1860）。在这一时期，清帝国的政治权力中心实际上是由圆明园与紫禁城共同构成的。圆明园与紫禁城主要的不同之处，在于宫苑结合、以苑为主，是封建帝王"避喧听政""宁神受福"的理想场所。对清帝而言，圆明园不是风景名胜，不是郊野公园，而是他们美丽、温馨的"家"。这里的"皇家宫苑"不仅暗含皇家的属性，也明确了"家"的属性。在紫禁城中，行动颇多限制；若园居，则除政务外，其余行动相对自由得多。加之园林景色优美，天地广阔，可使他们更随心地耽于园林之乐。园林不同于轴线对称、主从分明、处处体现着封建礼制与伦理秩序的宫殿，它渗透着自由的气氛和诗情画意的气质。圆明园"四时之景不同，而赏心乐事者亦与之无穷"。皇室成员们悠游于此，可在河湖泛舟，在福海观赏龙舟竞渡、河灯，乘坐冰床游赏；在藏书楼读书，在同乐园等戏台听戏，在山高水长欣赏元宵火戏；在买卖街陶醉于模拟市井街市的别样风情；在北远山村、多稼如云等地享受农桑、田园和水乡景致；在西洋楼欣赏各式各样的西式水法；还可拈香拜佛、登高览胜、宴饮咏对。

　　清帝每年都有大半时间居住园中，把所谓的"日理万机"与悠游之乐合于一处；把园林的憩静幽雅和政务的烦冗复杂结合在一起，享有心旷神怡的安逸，而在紫禁城中的时间反而较少。一般情况下，清帝每年正月即来御园，直到冬至才打点回宫。清帝每年初由皇宫到圆明园，皇太后、皇后嫔妃、皇子公主等眷属，都一同随往。待入冬迁回大内时，也是"宫眷皆从"。这种每年两度浩浩荡荡的大迁居，俗称为"大搬家"。清帝除外出巡游，一年之中的绝大部分时间都在圆明园度过。从雍正到咸丰，五朝皇帝驻跸圆明园的时间全都超过其宫居紫禁城的时间。具体而言，雍正十几年的帝王生活，主要在圆明园度过。除去为康熙及太后服丧的时间外，从雍正三年（1725）首

《御园宫市图》(清宫画师绘)

●《雍正十二月令行乐·六月纳凉图》(清宫画师绘)

056

次以皇帝身份驻跸圆明园至雍正十三年（1735）病逝于圆明园，雍正累计居住 2 314 天，平均每年 210 天。乾隆的活动范围较大，除紫禁城、避暑山庄、南巡、东巡外，也长期在圆明园居住。乾隆 58 年间累计在园居住 7 310 多天，平均每年 126 天（宫居年均 110 天）。嘉庆驻园时间年均 162 天（宫居年均 135 天）。嘉庆之后，皇帝在圆明园居住的时间更长，尤其道光年均驻园多达 260 天（宫居年均不足 91 天），最多的一年达 354 天（有闰月）。咸丰也酷爱在园内居住，他在 1860 年出逃避暑山庄前，驻园 7 年，年均达 216.6 天。即便是在圆明园罹劫的 1860 年，他仍在圆明园住了 212 天。

圆明园地域广阔、景物众多、功能齐全，帝后的起居、宴集、观剧、祀祖、礼佛、政务以及君臣的骑射等功能都内含其中。清帝不喜欢久居于紫禁城高屋大墙下的封闭空间，而更乐意把朝务移于园林空间中。圆明园的前朝区主要包括正大光明、勤政亲贤及大宫门朝房值房区，皇帝日常理政、接见外使等活动皆在此进行。后寝区的分布相对分散，帝后寝息处所的设置，既有较为固定、集中的寝宫区，又能随处而憩。清帝的主要寝宫在九州清晏，包括九州清晏殿及前期的乐安和、后期的慎德堂；妃嫔寝宫主要在天地一家春；皇太后寝宫主要在长春仙馆及绮春园敷春堂；皇子除了各有赐居之地外，一般也在园内洞天深处上书房附近起居读书。在园居住时，清帝并没有沉湎于游山玩水，在勤于政务的同时，他们也注重揭示或彰显圆明园的政治及文化隐喻，并常常由园林景观联想到修心治世。营造园景时往往刻意以儒学的治世思想为宗旨，寓自然景物以道德、伦理、政治的内容，运用园林艺术作为教化工具，以之警铭自己，训诫臣工，教育后代。这一点正如康熙所言："玩芝兰则爱德行，睹松竹则思贞操，临清流则贵廉洁，览蔓草则贱贪秽。"历代清帝用心良苦，无非是让园居环境的功能和效益得以最大化，以达到自我标榜、笼络人心，最终巩固统治的目的。

在清帝国处理民族关系及对外交往的活动中，圆明园是一个极为重要的舞台。每年正月十五日正大光明殿的朝正外藩宴，清帝宴赏来京朝贺新正的各族王公、首领及外国来使。《大清会典》记载，上元日皇太后在正大光明殿还要专设一次筵宴，以宴赏在京的外藩王妃和公主。出入贤良门外，是来京外藩王公和藩属国使臣觐见清帝的地方，称为"瞻觐"。山高水长元宵烟火盛会，内容包括摔跤、马术、杂技、民乐、舞灯、烟火等多项表演，来京贺正的外藩王公和各国使臣被特许观礼，所谓"欢腾中外集西园"即指此。每年正月十五、十九日，即上元日和燕九日，凡在圆明园参加宴赏的外藩王公和各国来使，都被特允在山高水长看完火戏之后，随皇帝一起到同乐园观戏并参加宴会。清帝也经常特允一些外藩王公和外国使臣同观福海斗龙舟，这被视为殊荣，如乾隆十八年（1753）端午日，乾隆特允葡萄牙使臣观看了龙舟竞渡。观赏西洋水法，亦是清帝礼遇外藩王公和外国使臣的惯常之举，如乾隆五十八年（1793）七月英使

《西洋楼铜版画·大水法正面》

马嘎尔尼，乾隆六十年（1795）正月荷兰使臣德胜，都先后在西洋楼"瞻仰"过水法。

（2）三代天子共赏牡丹与雍正即位

康熙晚年，诸皇子为谋求储位而钩心斗角。皇四子胤禛，也就是后来的雍正帝，在这场争夺战中并不占优势，却最终胜出，他的即位与圆明园有一定的内在联系。胤禛于康熙四十八年（1709）晋封雍亲王，被赐予一处与畅春园近在咫尺的园林，也就是在这一年，康熙为其赐园御题"圆明园"匾额。康熙把胤禛的御赐花园安排在紧邻畅春园处，并亲笔题写园额，可见此时的胤禛至少没有遭到厌弃。从康熙四十六年（1707）开始，康熙曾12次临幸圆明园游赏、进宴，最后一次是康熙六十一年（1722）三月二十五日，康熙专程到圆明园牡丹台欣赏牡丹，陪同侍奉的还有12岁的弘历。这也是弘历首次谒见祖父，康熙见到聪明伶俐的小皇孙，异常喜爱，并传旨将弘历召入宫中培养。主宰中国命运长达130余年的康雍乾盛世的三朝天子，首次在这里会聚一堂，被传为佳话。这场很可能是精心安排的会面意义非比寻常。康熙像发现宝藏一样把这个小皇孙随身带着，无论是在园居的畅春园，还是在避暑的承德，抑或在习猎的南苑，直至病逝。康熙曾当面夸奖弘历的母亲能生这么个儿子是"有福之人"。胤禛继位不久即通过秘密立储方式确立弘历为皇太子，雍正驾崩后，弘历一脉相承，顺利登基。或许，胤禛、弘历相继承袭帝位与祖孙三代在圆明园的这次相会不无一定的关系。

事实上，胤禛也在处心积虑地谋取皇位，并逐渐获取了康熙的信任。康熙曾派他到天坛代行祭天，而在古代这是很有象征意味的。胤禛擅长书法，其书法颇得康熙赞赏，康熙经常命他书写进呈，还以此赏赐近臣。胤禛恭奉康熙驾临圆明园，也是为赢得康熙欢心的一种刻意之举。在美妙的园林环境中，无

● 雍正行乐图(清宫画师绘)

形中增进了父子感情。当其时，不仅可以表明自己的"诚孝"；也可使晚年心境悲苦的康熙享受难得的作为一个普通老人的"天伦之乐"，一定程度上缓解了康熙晚年的烦躁和焦虑。胤禛处处投康熙所好，时时注意与父皇的感情维系。他善于揣摩父皇的心意，康熙关心农业，他便以康熙朝《耕织图》为蓝本，依样绘制一册《雍正像耕织图》，别出心裁地将画面中农夫和农妇的形象换成自己与福晋的容貌，表现自己向往田园生活的恬淡，以及对农业亲力亲为的意愿。胤禛在感情上始终与康熙保持着比较亲近的关系，康熙称赞他"能体朕意，爱朕之心，殷情恳切，可谓诚孝"，这很可能在康熙选择继承人时起到了关键的作用。

圆明园是胤禛韬光养晦的所在，在此他巧妙地将自己隐蔽起来。当时园内主要是葡萄院、竹子院、桃花坞等较自然的景物，具有文人隐士园的风格。胤禛在其中似乎过着清心寡欲的生活，他行为低调，回避了斗争的锋芒。他把自己打扮成一个生活恬淡的富贵闲人，自诩"破尘居士"，营造不问荣辱功名的表象。他经常作诗表达自己对逍遥生活的向往。为标榜与世无争，他还虔心编辑崇尚佛法超脱的《悦心集》。实际上，这些只是胤禛散布的"烟雾"，旨在让竞争者放松警惕，但他一刻也未放松过夺取储位的努力，只是在不露声色地窥测风向，等待时机。最终，胤禛戒急用忍、恬淡不争的外表，以及刻意表现出的既诚孝皇父，也友爱兄弟的态度，使他躲避了皇储争夺中的矛盾，得以安然无恙地坐收渔人之利。

(3) 乾隆出入贤良门较射

乾隆时，凡武职官员和侍卫在圆明园引见，均要在出入贤良门外考核射箭技术，谓之"较射"。据《啸亭续录》记载，乾隆十九年（1754），"命八旗护军、前锋营每旗拣选善射者百人"，于出入贤良门习射，"其中优者，立为擢升，岁以为常，大有安不忘危之意"。乾隆每岁木兰行围前，也命扈从王公、文武大臣在出入贤良门外习射，并亲自阅视。乾隆时期，在出入贤良门举行的较射活动参加人员数量较多，并以考核武职人员、提高八旗将士射箭技能为主。乾隆曾多次赋诗记述较射活动，其中既有他亲御弓矢率众举行的较射活动，也有观看侍卫、武职人员、皇子皇孙比赛射箭的场景，有时还邀请哈萨克等外藩使臣参加射箭比赛。如乾隆二十四年(1759)在出入贤良门外

● 乾隆皇帝戎装像

举行射箭比赛时，哈萨克使臣围观，乾隆发二十矢，中十八矢，最后一矢正中靶心。乾隆命哈萨克善于射箭的人一同参加比赛，从他们弯弓搭箭的动作和成绩来看，乾隆认为其射艺并不佳。他说："盖外夷或有习弓矢者，然较之满洲索伦，相去不啻迳庭矣。""外夷唯知重武，宴会百戏彼虽乐观，终不若示以射猎，彼乃诚心悦服，不敢轻视中国，故朕每于此亟亟焉。"强调了每次向外藩使臣充分展示射艺的政治深意。

乾隆四十三年（1778），乾隆在出入贤良门检阅侍卫射箭。参加这次射箭比赛的是每日轮值的二十余名侍卫，按三旗的次序排好，计划轮阅一周。在较射过程中，对于二发二中者给予奖赏，以资鼓励。嘉庆元年（1796）九月初六日，乾隆在出入贤良门外引见武职人员。此时他已是太上皇，但仍政务繁忙。引见毕，乾隆命嘉庆率皇子皇孙等习射。按照规定，是日正当兵部值班。乾隆在观看射箭的同时，心中焦急地盼望捷报传来。原来，这一年三月，四川、湖北爆发了白莲教大起义。为了剿灭白莲教，乾隆亲自调度指挥，不料"愈剿愈炽"，为此他沮丧至极。再加上他已有五年没有行围木兰，不禁深感惭愧，于是在诗中写道："坐观一矢未曾发，耄岁无能惭愧情。"这位严格奉行祖制家法、自诩"十全武功"、做事追求完美，甚至有些骄傲自负的太上皇在出入贤良门前坐观射箭，心绪难平。"无能"二字道出了他面对大清王朝江河日下，而自己年事已高无可奈何的复杂心绪。

（4）儿皇帝与太上皇共居圆明园

嘉庆名颙琰，为乾隆第十五子，是清军入关后的第五代皇帝，乾隆二十五年（1760）生于圆明园天地一家春。颙琰为皇子时被赐居于后湖东岸的天然图画五福堂。他和十一兄成亲王永瑆关系交好，二人经常一同随驾巡视，射猎游赏，评诗品画，唱和赠答。成亲王寓所为西爽村（后属绮春园范围），颙琰"常拈吟较射于其中"。

乾隆六十年(1795)九月初三日，乾隆在圆明园勤政亲贤殿召见皇子皇孙、王公大臣，公阅乾隆三十八年(1773)立储密旨，立永琰(为避讳改称颙琰)为皇太子。次日，永琰及诸皇子、王公大臣交章上奏，恳请乾隆收回改元退位成命，继续担任皇帝，乾隆未允。颙琰于嘉庆元年(1796)正月初一受乾隆禅让而正式继位。但嘉庆继位后并不能独断朝纲，当了太上皇的乾隆仍掌握着最高决策权。这种特殊经历，使嘉庆很难摆脱乾隆时形成的定式。乾隆时期的一切似乎都以其惯性在嘉庆朝向前滚动。嘉庆即位后被乾隆赐居于长春仙馆，嘉庆有《含碧堂观玉兰》、《古香斋读书听泉》《鸣玉溪泛舟》《凭流亭放船》《随安室对雨》等诗，记录了他作为儿皇帝在长春仙馆生活的一些场景。嘉庆元年正月十四日，太上皇于圆明园赐皇子亲藩等宴，一连三日皆如此，嘉庆均在旁用心侍奉。据朝鲜使臣记载，嘉庆元年正月十九日，太上皇在圆明园召见各属国使臣，并告诉他们："朕虽然归政，大事还是我办。"朝鲜使臣还记载，嘉庆"侍坐太上皇，上皇喜则亦喜，笑则亦笑"。赐宴之时，嘉庆"侍坐上皇之侧，只视上皇之动静，而一不转瞩"。朝鲜使者直言，当其时，内廷用乾隆年号，外廷用嘉庆年号。嘉庆还多次随太上皇一同出巡，如嘉庆元年三月初六日，嘉庆侍奉太上皇往谒东陵、西陵，二十一日返回圆明园；嘉庆元年五月十八日，嘉庆侍太上皇至避暑山庄举行木兰秋狝，于九月初三日返回圆明园。嘉庆二年(1797)，嘉庆皇后喜塔腊氏病逝，因太上皇居住在圆明园，嘉庆特命七日内圆明园内王公大臣等俱着常服，不必穿孝服，以示"崇奉皇父孝恩"。

嘉庆四年(1799)正月初三日，太上皇驾崩。嘉庆得以亲政，贪婪擅权的和珅获罪伏诛，嘉庆没其园第，赐予成亲王永瑆。嘉庆定和珅二十大罪，其中有两条涉及圆明园，即："上年正

● 嘉庆皇帝朝服像

月，皇考在圆明园召见和珅，伊竟骑马直进左门，过正大光明殿，至寿山口，无父无君，莫此为甚。""所盖楠木房屋，僭侈逾制，其多宝阁及隔段式样，皆仿照宁寿宫制度。其园寓点缀，竟与圆明园蓬岛瑶台无异，不知是何肺肠！"嘉庆以迅雷不及掩耳之势拘禁、诛杀了贪婪的权臣和珅，并罢黜、囚禁和珅死党福长安等人，但没有进一步扩大化，维护了王朝的稳定，嘉庆从此正式掌握最高统治权。

(5)道光的凯旋之盼与魂归御园

道光名旻宁，为嘉庆第二子，是清军入关后的第六个皇帝。旻宁在藩邸时被赐居圆明园养正书屋，著有《养正书屋诗文集》。嘉庆二十五年(1820)七月二十五日，嘉庆病逝于避暑山庄，新君即位人选未明。当晚，众臣决定由大臣和世泰等人加急奔赴圆明园，奏明皇后。二十六日，避暑山庄找出嘉庆秘密立储的小金匣，内有立旻宁为皇太子的诏书，众臣遂拥立旻宁继承大统。二十七日，和世泰急奏皇后钮祜禄氏定夺，皇后在圆明园指令皇次子旻宁即位为帝。一个月后，旻宁正式登基为道光皇帝。道光在位期间正值清朝衰落时期，他为挽救颓势做了一系列努力，尽管道光本人勤于政务，厉行节俭，但面对内忧外患、积重难返的危机，他只知一味拘谨守成，缺乏开创新格局的能力，致使清王朝进一步衰落，和西方的差距也越来越大。鸦片战争失败后，道光君臣苟安姑息，没有采取卓有成效的革新举措，为第二次鸦片战争和圆明园的劫难埋下了伏笔。

道光重视武备训练，期望通过强大的武力维护祖业。道光二年(1822)正月，他亲自定皇子、皇孙学习骑射之制。规定皇子、皇孙年至十五岁，皆需学习骑射，每月演习二三次。在京城内，则于紫光阁；在圆明园，则于阅武楼。十六岁时，学习鸟枪。每年春秋二季，在山高水长，一月演习一两次。在绮春园含晖楼前，道光增辟了一处骑射场地，他曾侍奉皇太后在此阅视侍卫骑射。道光还亲手绘制过《绮春园射柳图卷》，这是一幅描绘绮春园射柳的实景图，设色纸本，绘工精细。道光对此画非常重视，经常展示把玩，爱不释手，甚至四年间三次题诗跋署于画上。御园的骑射活动已成为演习和娱乐，而与之相应的，道光朝在西北的战事也取得了令他欣喜的胜利。清宫画师绘有《平定回疆战图册·赐宴凯旋将士》，该图描绘了道光八年(1828)道光在正大光明殿赐宴平定回疆凯旋将士们的盛况。是

● 《平定回疆战图册·赐宴凯旋将士》(清宫画师绘)

八月初七日凱宴
成功諸將士丁巳
大光明殿即席喜
成
策勳飲至車前卑
凱宴秋中御苑張
肴彼渠魁極刑伏
嘉予大帥國威揚
允宜懋賞山河翠
特紀新詩事業彰
遣戎失全諸將力
用褒忠勇永流芳
己丑新正
御筆

年五月十四日，道光亲自在圆明园廓然大公殿审讯西北叛乱祸首张格尔，定其死罪，并立即执行。

道光以孝道著称，其生母去世后的半个多世纪，他一直将继母当作生母来侍奉。道光每天一早第一件事便是向皇太后请安，并终因操办太后丧事而致自己殒命。道光二十九年（1849）十二月十一日，皇太后去世，道光悲痛欲绝。十天后，道光决定将皇太后灵柩停放在圆明园，移灵的这天，一身孝服的道光抱病步送灵柩出城，然后骑马赶往圆明园，在园门外跪迎。皇太后梓宫被安置在绮春园迎晖殿，道光又令人在慎德堂铺上白毡、灯草褥，在里面守孝。不久，道光也一病不起。道光三十年（1850）正月十四日中午，道光逝世于慎德堂，终年六十九岁。二月初二日，道光灵柩由大内乾清宫移至圆明园正大光明殿安放。九月十八日，道光灵柩在新君咸丰的护送下，从正大光明殿移往清西陵，道光至此永远离开了圆明园。

(6)咸丰的信誓旦旦与苦闷彷徨

咸丰名奕詝，为道光第四子，是清军入关后的第七代皇帝。奕詝出生在九州清宴湛静斋。道光三十年正月十四日，弥留之际的道光在圆明园寝宫宣布立皇四子奕詝为储君。正月二十六日，奕詝正式登基，成为咸丰帝。

咸丰时期，清王朝的统治已是每况愈下、日薄西山，咸丰曾一度听从臣下建议，长住紫禁城办公、理事，可是时间一久，他就有些熬不住，有意搬回圆明园。咸丰五年（1855），咸丰以"宫中行止有节"为由，决意移驻圆明园。同年，兵部左侍郎王茂荫奏请咸丰不要驻跸圆明园，咸丰龙颜大怒，将王茂荫交部议处。不久，御史薛鸣皋上奏建议不要"临幸御园，萌怠荒之念"。咸丰严词驳斥：圆明园办事，本系列圣成宪，原应遵循勿替……敬思我皇祖（嘉庆）当莅政之初，适值川陕楚教匪滋事，彼时幸圆明园，秋狝木兰，一如常时。圣心敬畏。朕岂能仰测

咸丰皇帝朝服像

高深。设使当时有一无知者，妄行阻谏，亦必从重惩处。咸丰搬出祖制来为自己辩护，封杀谏阻他去圆明园的言论。他下旨将薛鸣皋降级，并交部议处。咸丰强调圆明园居住、理政本是祖制，并非他的异想天开，他甚至指斥阻拦的大臣是为了博取敢谏之名。咸丰声称自己在哪儿都一样"敬畏""忧勤"，他还拿出了证据："咸丰二年在园半载，无非办理军务，召对臣工，何尝一日废弛政事？"咸丰最终搬入了园中，成为享受这梦幻家

园的最后一位皇帝。面对内忧外患的危机局面，即位之初的咸丰在恩师杜受田的辅佐下，企图重振纲纪。此时的咸丰效法先祖的勤政风范，工作极为勤奋，每天都有许多谕旨下达，其中不少是亲笔写的朱批、朱谕。尽管他试图励精图治，却收效甚微。面对无可奈何花落去的大势，咸丰日益消极，开始沉湎于享乐之中，终至纵欲自戕，不能自拔。咸丰驻园期间，一般居于慎德堂，平日多在同道堂办事进早膳，在勤政亲贤殿东书房接见大臣，并多次在含辉楼检阅侍卫骑马射箭。咸丰尤其喜欢泛舟福海，他在诗中异常赞美福海四周美景。咸丰还经常在王公大臣的陪同下游览风景如画的圆明园，咸丰朝重臣玉明、肃顺曾多次陪同咸丰游园，得以遍览御园胜景，玉明欣感之余，还作有《侍游御园记》，以纪荣遇。

关于咸丰在圆明园无度享乐的情况，晚清有不少记载，而流传最广者就是所谓的"四春"之宠。王闿运在《圆明园词》中写道："四时景物爱郊居，玄冬入内望春初。袅袅四春随凤辇……"王闿运明确指出"文宗以宫中行止有节，侍御不乐，常迟至冬至始入，正月十五后，即出幸园中。……时有四人承宠者，分居牡丹春、海棠春、武陵春、杏花春亭馆，内府号曰四春"。王闿运还写道："为近前湖纳晓光，妖梦林神辞二品。"据说"咸丰九年，上一日独坐若暝，见白须人跪前，上问何人，对曰：'守园神。'问何所言，云：'将辞差使耳。'问汝多年无过，何为而去？对以弹压不住，得去为幸。上曰：'汝嫌管小耶？可假二品阶。'俄顷不见，未一年而乱作矣。"此种迷信说法虽不足为凭，但由此也不难想见圆明园的末代主人内心的真实苦楚。园居生活的慰藉与陶醉，终究不能驱逐现实中的苦闷与沮丧。咸丰九年（1859）冬天某日，面对内外交困的严峻形势，咸丰"宿于斋宫，夜分痛哭，侍臣凄恻"，令人叹然。一筹莫展之际，咸丰遂不时祈求于神灵的保佑。咸丰八年（1858）

正月，他下谕旨，将圆明园春雨轩司土之神晋封为"圆明园昭佑敷禧司土真君"，土母封为"昭佑敷禧司土夫人"，并令修饰庙堂，规定每年春、秋两季隆重祭祀。咸丰虽迷信于此，但毕竟无济于事。

2. 皇帝家眷的园居生活

(1) 慈禧眷恋天地一家春

慈禧曾以懿嫔的身份在天地一家春居住过，并在这里受到咸丰的宠爱，发迹后，她对天地一家春念念不忘。同治朝重修圆明园时，慈禧就将绮春园部分宫殿改名"天地一家春"作为自己的寝宫，而且在她垂帘听政后铸造的陈设上几乎都铸有"天地一家春"的字样，以示对"发迹之地"的怀念。如颐和园仁寿殿前陈设的铜龙、铜凤的铜座上，乐寿堂、排云殿等院落内消防储水用的金缸上，都刻有"天地一家春"的印记。"大雅斋"系列瓷器是清末官窑瓷器，底款上有"大雅斋"字样，其右边一般还盖有"天地一家春"印。大雅斋是斋名，在紫禁城和圆明园天地一家春均有一处大雅斋。有一种说法是大雅斋瓷器最初是为重建圆明园而专门定烧的，后因复建工程中止而停烧，已烧成的改由大内使用。慈禧对圆明园生活充满美好回忆，圆明园罹劫后，她还经常故地重游。如光绪二十二年（1896）二至九月，慈禧太后曾多次游览圆明园紫碧山房、廓然大公、濂溪乐处，长春园海岳开襟、含经堂、西洋楼黄花阵，绮春园宫门等处。同治朝两次试图重修圆明园，慈禧都是主要的支持者或幕后推手。光绪二十二至二十四年（1896～1898），慈禧太后试图"择要量加粘补修理"圆明园殿宇，慎修思永殿是修葺重点。光绪二十四年（1898）七月二十六日，慈禧临幸圆明园，样式房呈览慎修思永殿内檐装修图，并奉懿旨"明间不

大清国慈禧皇太后

慈禧太后像

要碧纱橱，拟妥鸡腿罩、飞罩、天然罩，不要八方罩、瓶式罩"。甚至在发动"戊戌政变"幽禁光绪帝的关键时期，慈禧仍于九月十八日安排总管太监李莲英催要慎修思永殿的装修图。

(2)圆明园里的皇子教育

清帝非常重视皇子教育，为了培养文能安邦治国、武能驰骋疆场的接班人，他们制定了近乎残酷的皇子教育制度。因此，多数皇子精通经史、策论、诗词歌赋及书画等，并善于骑射。清代著名汉学家赵翼曾经在军机处值夜班，经常看到皇子们秉烛苦读的一幕，他感慨道："我朝谕教之法，岂惟历代所无，即三代以上，亦所不及矣！"

清代皇子入学年龄早、学习时间长、规矩严、课程多。皇子们从六岁（虚岁）起开始读书，由皇帝亲定学识渊博的翰林、大学士担任师傅，学习四书五经、《史记》、汉书诗赋、满蒙汉三种文字及弓箭骑射等内容，每天学习从不间断。幼年即位的皇帝更是受到精心的栽培和严格的训练。皇子读书的时间为早晨5点至下午3点，共计10个小时。皇帝选定良辰吉日为皇子开学，由于皇子地位尊贵，皇子和师傅互相行礼时，双方用长揖代替跪拜。上书房的规矩极严，皇子读书要正襟危坐；夏天不许摇扇子；午饭时候，侍卫送上饭来，老师先吃，皇子们在另一旁吃，吃完不休息，继续功课。上书房只有元旦、端午、中秋、万寿（皇上的生日）、自寿（自己的生日）放假，一共5天，甚至除夕仅准提前散学，也不放假。

盛时圆明园，皇子和公主都随园居住，包括婴儿也要在园子里"育喜"。康熙以前的规制，一旦皇子成婚，就要分府居住，封爵以后还要另赐花园。雍正以后，圆明园规模日渐扩大，皇子年龄稍大时便在园内赐给居所。雍正初年，为了便于皇子读书，就在宫中设立尚书房，道光以后统称上书房。圆明园上书房在洞天深处，紧邻勤政亲贤皇帝办公处，上书房之所以设

四 圆明园的人与事

● 唐岱、沈源乾隆九年绘《洞天深处图》

在这里是为了"近在禁御，以便上稽察也"。雍正时期，弘历先后被赐居于桃花坞和莲花馆。乾隆时期，颙琰被赐居于后湖东岸的五福堂，道光即位前被赐居于养正书屋，咸丰即位前被赐居在同道堂。这些地方距离上书房都比较近，便于往来。同时，洞天深处内部的四座方形院落，可供皇子们临时居住之用。

严厉教育制度下培养出的清帝，都具有较高的文化修养，对传统文化都有相当透彻的了解。乾隆天生聪睿又刻苦用功，尤为其中的佼佼者。乾隆做皇子时，过着严格的读书生活，每天顶着纱灯进书房，"既入书房，作诗文，每日皆有课程，未刻毕，则又有满洲师傅教国书、习国语及骑射等事，薄暮始休"。乾隆曾称："朕自幼生长宫中，讲诵二十年，未尝少辍，实一书生也。"乾隆"散学后习步射，在圆明园五日一习马射，寒暑无间，虽婚娶封爵后，读书不辍"。十余年的学文习武，为乾隆为政治国奠定了坚实的基础，也为圆明园的绝世辉煌和康乾盛世培养了雄才大略的领航者。

3. 如意馆及供职其间的西洋传教士

如意馆实为皇家画院，是以绘画供奉于皇室的服务性机构，会聚着一大批各门类的艺术家，进入其中也成为画艺被肯定的重要表现。如意馆有两处，一处在大内启祥宫，一处在圆明园。圆明园如意馆位于洞天深处东北部，距离皇帝日常居住、办公之处都很近。皇帝初春由宫内迁往圆明园时，启祥宫的管理人员、画家和工匠也随之移入圆明园如意馆。冬季，如意馆中的一行人员又随皇帝迁往紫禁城。乾隆在处理政事之余，经常去如意馆看画家绘画，"有用笔草率者，辄手教之，时以为荣"。乾隆九年（1744），为了提高画家的地位，以区别于匠人，乾隆特地下旨："春雨舒和并如意馆画画人嗣后不可写南匠，俱写画画人。"至此，宫廷画家的地位大大提高。供职如意馆的画家绝大多数是职业画师，其中也有个别画家原先是士流文人，进入宫廷后始以画画为业。皇帝对待这部分画家似乎有所区别，在他们入宫数年后会给予机会参加会试，考取功名后授予官职，倍加恩宠。如唐岱以描绘山水于康熙至乾隆朝在宫廷供职，因画艺精绝而频受嘉奖，康熙赐予他"画状元"称号。唐岱也深受乾隆器重，不仅得到绘画"圆明园四十景"的机会，而且于乾隆元年（1736）还获得人参二斤、纱二匹的奖励。乾隆十一年

（1746）左右，他离开宫廷，得以衣锦还乡。

另有一些西方传教士以画艺供奉如意馆，如郎世宁、王致诚等人。在如意馆效力的画师，通称"画画人"，传教士身份的外国画师则被称为"西洋画画人"，有的太监也称他们是"画画蛮子"，可见其地位并不高，但郎世宁除外，清帝赏了他三品顶戴，在周围人的眼里，他是一个特殊人物。郎世宁是意大利画家，也是康、雍、乾三朝的画师。他1688年生于米兰，"具有杰出的才能，他在他的国家的画家中占有显赫位置"。1715年，28岁的郎世宁来到中国，担任如意馆画师；曾负责督造圆明园西洋楼工程，因功授三品官衔。郎世宁颇受雍正眷睐，圆明园牡丹花开，让郎氏来画；地方官进瑞谷，让郎氏来画；海外贡动物，让郎氏来画；让他画弈棋，让他画果子棋盘，甚至宫内家具也多出自他的手笔。繁重的工作，使郎世宁疲惫不堪。乾隆三年（1738）初，他身患疾病，乾隆极为关切，赏银一百两，供郎世宁养病之用。四月初，郎世宁病情转好，乾隆特许他在家工作，不必出门奔波，并明确指出：郎世宁之病如好了，着伊在家画保合太和围屏画，画完送往圆明园。郎世宁数十年如一日，以精湛的画技为皇家服务。清帝也多次对他进行嘉奖赏赐。乾隆二十二年（1757），按照中国人以虚岁计算年龄的方法，郎世宁正值七十大寿，乾隆特地为他举行了盛大的祝寿仪式。生日的当天上午，郎世宁从城里赴圆明园晋谒乾隆。乾隆赏赐给他绢六匹、朝服一领、玛瑙项饰一环，郎世宁还得到乾隆亲笔题写的祝词一幅；在从圆明园返城的路上，郎世宁更是荣耀万分：他乘坐在轿内，轿上施以华丽的装饰，轿子由24人的乐队为前导，另有满汉官员4人骑马相随护卫，乾隆的赏赐品则由8名侍从双手捧着与钦差官同行。沿途百姓欢呼迎接，京都教士齐集南堂，向他道贺。1766年，郎世宁卒于北京，享年78岁。鉴于他对大清皇室长达50年忠诚的奉献，乾隆御赐纹银

写真世宁擅绘我少
年时入宝暗送者不
如此是谁
壬寅菱壶涤题

● 郎世宁《平安春信图》

400两供其葬礼之用。

　　供奉内廷的西洋传教士大多受到清帝的赏识，但是他们在圆明园也不自由，必须遵守各种规章制度。法国传教士王致诚说："吾人所居乃一平房，冬寒夏热，视为属民。皇上恩遇之隆，过于其他传教士，但终日供奉内廷，无异囚禁……作画时颇受掣肘，不能随意发挥。"在他看来，作画场所及条件都不理想。王致诚还对他们的工作和生活情况作了如下记载："所有在此逗留的欧洲人中，只有画家和制表匠可以入园，并为工作的缘故得以随意走动。我们的画室设在一座小宫殿里，皇帝几乎每天都来看我们作画，所以难得有机会到外面走一走。我们一般不得外出到园中作画，除非要画的对象是不能搬动的，那时我们才能由太监们陪着去作画的地点。我们必须一路紧走，而且脚下不得弄出一点声响，否则就要被判大罪似的。就是这样，我看遍了这座美丽的园林，皇帝每年在这里住十个月，这儿离京城并不比凡尔赛宫到巴黎远。我们白天在园中作画，皇帝供应我们餐饭，但是到了晚上，我们必须到邻近的一个大村庄里过夜。"

五

圆明沧桑

清咸丰十年（1860），英法联军攻占北京，于10月6日进犯西郊，占领圆明园，中国守军寡不敌众，圆明园总管大臣文丰投福海自尽。在对圆明园文物进行多次洗劫后，10月18日，英军冲入圆明园纵火将其焚为灰烬，附近三山五园皆未幸免，众多太监、宫女、工匠葬身火海。光绪二十六年（1900），八国联军战乱，圆明园再次受到波及，园林主体结构、残存的皇家宫殿建筑、砖瓦土石、古树名木等均遭彻底毁灭。清帝逊位后大量居民、部分单位迁入，"文化大革命"时期遗址进一步遭到破坏，圆明园面目全非。

● 英法联军占据圆明园(西人绘)

082

1. 英法联军洗劫、火烧圆明园

1856～1860 年，英、法两国联合发动了侵华的第二次鸦片战争，腐败无能的晚清政府，对外敌入侵采取摇摆不定的政策，以致节节败退。1860 年 9 月 21 日，八里桥之战，清军先重创侵略军而后溃败。次日晨，咸丰自圆明园仓皇逃往承德。10 月 6 日，英法联军向北京西北郊进犯，占领圆明园。10 月 7 日起，英法侵略军涌入圆明园大肆抢掠，亿万文物珍藏被洗劫一空，携不走者则击而毁之。正当清政府屈膝退让，并答应接受议和条件之际，英国侵华头目额尔金、格兰特为迫使清廷长期屈服，又节外生枝地借口其被俘人员在圆明园遭到虐待而悍然下令火烧圆明园。10 月 18、19 日，英军 3 000 余名骑兵连续两天在圆明园到处纵火。大火数昼夜不熄，一代名园惨遭焚毁。

2. "木劫""石劫"与"土劫"

在英法联军劫掠并野蛮焚毁圆明园的破坏行动中，他们掠夺了无数珍宝并焚毁了绝大多数建筑，但圆明三园内还残存有少量建筑。如蓬岛瑶台、廓然大公、海岳开襟、正觉寺等。西洋楼建筑群虽被焚烧，但主体结构尚存。此时的圆明园仍是皇家禁园，清政府对它的管理没有实质放松。1873 年，清政府试图部分重修圆明园，但终因财力不足等原因而停修。这次重修因需要大量木料，反而拆除了部分幸存的建筑，重修过程中的一些新规划或改建做法等反而破坏了原有的园林格局及部分建筑基址。

1900 年 8 月，八国联军攻入北京，慈禧太后挟光绪帝仓皇西逃。侵略军在北京烧杀掳掠，京城内外秩序大乱。战乱中，土匪、兵痞等趁火打劫，蜂拥至圆明园，推倒残存建筑、拆运木料砖瓦、砍伐古树名木。历时数月，圆明园原本幸存及经同治、光绪两朝整修的园林建筑，均遭彻底毁灭，大小树木被砍伐殆尽，是为圆明园劫难史上的"木劫"。

清末，圆明园内的稻田、苇塘租给园户们植种，每年皇室收取一定的租金。1912年溥仪逊位，根据民国政府给予清室的优待条件，圆明园仍属皇室私产，但其砖石遗物等却被军阀和权贵们肆意攫取。有人形象地称这次对石质类残余的转移与破坏为"石劫"。民国时期，圆明园的石料主要流散在北京地区，如颐和园、中山公园、燕京大学、北京图书馆等。京外地方，

● 原圆明园青莲朵太湖石(今存北京中山公园)

五 圆明沧桑

● 原圆明园丹陛云龙石(今存颐和园)

如保定、苏州等也散落不少。这一时期，遗址上的居民除原有的八旗园户外，1917 年前后开始陆续有不少汉民迁入，对遗址而言，这也是一个相当严重的破坏因素。

1949 年后，圆明园遗址由颐和园管理部门代管。20 世纪 50 年代中期起，北京市开始着手对园内荒地进行绿化；60 年代初期，圆明园遗址被海淀区列为重点文物保护单位。整个遗址范围内的绿化面积已达到数十公顷。但由于长期缺乏管理，且没有专门的机构设置，圆明园遗址在得到初步保护的同时，仍然遭到了一些人为的破坏。尤其"文化大革命"期间，部分建设基址被拆毁，多处山形水系被掘平，大片绿地被侵占，数万株树木被砍伐，大小 20 余个居民点相继形成，一些单位也陆续进驻园内。挖山填湖、取石建屋、侵占土地等现象经常发生。这次破坏可称之为"土劫"。至此，作为造园根本要素的山形水系面目全非，俨然形成颇有规模的多个居民村落，已较难看出盛时的轮廓。

就这样，经过入侵者的"抢劫""火劫"，以及其后的"木劫""石劫"和"土劫"，万园之园最终沦为一片废墟。需要指出的是，在 4 次大规模的破坏中，英法联军洗劫园内无数珍宝，焚毁园内绝大多数建筑，无疑是最野蛮、破坏性最大的，他们摧毁中华文化结晶，肆意践踏人类文明成果的罪行将永远被钉在历史的耻辱柱上。

五

圆明沧桑

六

圆明重光

新中国成立后，为了抢救、保护、整修和有效利用圆明园遗址，市政府和规划部门相继采取了一系列措施，先后将圆明园残石列入文物保护名单，成立专业绿化队对其进行管理，发布明文规定不许擅用圆明园土木，成立管理处对其进行日常维护，并拨款、筹款对其中一些遗址进行绿化和修复。如今，整修后的圆明园遗址公园早已对外开放，成为代表首都魅力的特色景点之一。开放区域内的山形水系也基本恢复了原有风貌，游客可在此畅游，欣赏优美宁静景致的同时，倾听历史的回响。

六

圆明重光

1.圆明新生

1951 年 4 月，北京市人民政府下令禁止任何机关移用圆明园石块。1959 年 12 月，市规划部门划定圆明园遗址绿化用地范围为 423.5 公顷。1960 年 3 月，海淀区公布文物保护名单，

将圆明园西洋楼残存石雕及散失在朗润园的五块刻石列于其中。1964 年 10 月，海淀区成立专业绿化队，圆明园遗址归其管理。1973 年，海淀区明确规定不许擅自砍伐圆明园树木，不许挖山取土，不许挖掘砖石和随便建房。

在遗址保护起步阶段，周恩来总理曾三次力保圆明园遗址。1951 年，他叮嘱都市计划委员会副主任梁思成："圆明园遗址要保留，地不要拨用了。帝国主义把它烧毁，以后有条件，我们还可以恢复嘛。"1953 年，周总理又否定了中央党校拟在圆明园选址建房的方案，并说："圆明园这地方，总有一天会整理出来供国人参观的。国耻勿忘，圆明园遗址是侵略者

● 绮春园天宝坞桥梁残迹(1953)

给我们留下的课堂。"正是在这样的背景下，圆明园遗址才被比较完整地保留下来，并经过植树绿化，初步改变了满目荒凉的景象，成为后来开辟遗址公园的根本基础。但非常遗憾的

是，圆明园遗址在得到初步保护的同时，"文化大革命"期间也遭到一些较严重的人为破坏。

1976 年 11 月，圆明园管理处成立，专门从事遗址的日常维护和管理。1979 年 8 月，北京市公布圆明园遗址为市级文物保护单位。1980 年，有识之士发起"保护、整修及利用圆明园遗址倡议书"签名活动，得到了宋庆龄、习仲勋、沈雁冰、许德珩、张爱萍等领导同志、专家学者及社会各界 1 583 人的支持。1983 年 7 月，经中共中央、国务院批准的《北京市城市建设总体规划方案》把圆明园遗址规划为遗址公园，进一步明确了遗址的发展方向。同年，北京市政府成立"北京市圆明园遗址公园筹建委员会"（1986 年更名为北京市圆明园遗址公园建设

● 全国重点文物保护单位圆明园遗址标志碑

● 圆明园遗址西洋楼一隅

六

圆 明 重 光

委员会)。与此同时,市政府下拨专款 40 万元,用以修复长春园围墙。1984 年,圆明园管理处与住园农民达成联合协议:由国家与农民按照统一规划共同建设遗址公园,开发中涉及的农户劳力,由联合开发公司安置从事种养业和服务业,开发建设中需占用农田时则不发补偿费。这是既不给政府增加负担,同时能让农民安居乐业,而又对遗址公园建设极为有利的好办法,从而使遗址保护与整修事业迈出了关键一步。1984 年 12 月,中国圆明园学会成立。其后,福海景区、绮春园景区又陆续得到整修。1988 年 1 月,圆明园遗址被国务院公布为全国重点文物保护单位。6 月,遗址公园对外开放。

1990 年 10 月,由江泽民同志题写片名的大型文史纪录片《圆明沧桑》首映式在京举行。1991 年 7 月,北京市政府发布《关于严格控制颐和园、圆明园地区建设工程的规定》。1992 年 12 月至 1994 年 5 月,长春园景区得到整修。1993 年 3 月 19 日,国务委员李铁映视察圆明园,并主持会议研究遗址保护、整修及利用问题。会议决定:对圆明园遗址要坚持"保护为主,抢救第一"的方针。12 月,著名爱国人士曾宪梓先生捐款 800 万元人民币用于圆明园遗址保护。1993 年,国家收回了盛时圆明园所属全部土地的使用权。1994 年 4 月 2 日,江泽民等中央领导到圆明园参加义务植树活动,江泽民指出:"圆明园为什么叫遗址公园,就是让大家看到这颗灿烂的东方文化明珠,当年被外国强盗毁灭的惨痛历史,给人民以爱国主义教育。现在我们把她绿化起来,进行整建,就是要让全国人民和外国友人看到我们国家的发展变化。"1994 年 4 月,遗址公园开始全面复建围墙。1996 年,圆明园遗址被国家教委等六部委命名为"全国青少年爱国主义教育基地"。1997 年,圆明园遗址被中宣部公布为"全国百佳爱国主义教育示范基地"之一。1998 年,圆明园遗址被北京市国防教育委员会命名为"北京市国防教育

● 九州清晏遗址棕亭桥（新修复）

六

圆
明
重
光

基地"。2000 年 9 月、2001 年 12 月，《圆明园遗址公园规划》分别获国家文物局和北京市政府批复同意。该规划对遗址公园的性质与功能有了明确定位，成为遗址保护和公园建设的基本依据。

为加快遗址公园建设步伐，国家在前期征用遗址公园全部占地的基础上，于 2000～2002 年把园内居民 2 000 多人迁出，并将驻园单位的搬迁提上了日程，至 2008 年 3 月，除一零一中学暂缓搬迁外，其他驻园单位均已搬迁。这一时期，圆明园文物保护和流散文物回归工作也取得重要进展。2006 年 3 月和 4 月，圆明园管理处上报的《关于启动圆明园文物回家大型文物保护工程的请示》先后获得国家文物局和北京市文物局的批复同意。侯仁之、罗哲文、戴逸等 23 位知名专家联名发出《圆明园散落文物回归圆明园遗址倡议书》。圆明园管理处积极开展征集工作。2007 年 6 月 8 日，圆明园流散文物回归活动首归仪式在遗址公园举行，首批社会各界捐赠的汉白玉石鱼等十余件石质文物回归园内。近几年，又陆续有数十件石质流散文物得以回归。2006 年，国家发展和改革委员会和国家文物局公布"十一五"期间 100 处国家重点大遗址保护专项名单，圆明园遗址入选其中。2008 年 7 月，盛时圆明园最为核心的九州景区对社会开放。2008 年 10 月，圆明园遗址公园被国家旅游局评为国家 4A 级旅游景区。2009 年 5 月，圆明园荷花节被北京市公园系统评为"十大品牌文化活动"之一。2009 年 10 月，圆明园遗址公园入选"新北京十六景"，成为代表首都魅力的 16 张名片之一。2010 年 10 月，社会各界隆重纪念圆明园罹劫 150 周年，引起国内外极大反响。同月，圆明园遗址公园被国家文物局评为"首批 12 家国家考古遗址公园"之一。2010 年以来，圆明园大遗址保护与国家考古遗址公园建设事业再上新台阶，为圆明园进一步发展奠定了基础。

2. 圆明新貌

　　现在，圆明园遗址逐渐成为一处集多种功能于一体的大型文化遗址公园。园内尽管没有宏伟壮观的景色，但盛时的园林格局大体存在，开放区内的山形水系已基本恢复了历史原有风貌：既有浩瀚的福海，又有亲切可人的湖泊与山水环绕的河溪；既有洋溢着大自然气息的山林野趣，又富有遗址园林的固

● 绮春园鉴碧亭雪景

圆明重光

有特色，成为难得的游览休憩佳处。园内绿化按原有植物配置，已初步形成了以松、竹、柳、荷为主题的植物景观；复建的少量园林建筑如绮春园新宫门、鉴碧亭、正觉寺及长春园宫门、西洋楼欧式迷宫等重现昔日光彩；数十处假山叠石仍然可见，绝大多数遗址得到保护整修，岿然屹立的西洋楼残迹更是引人注目，给人一种沧桑感和关于历史的强烈震撼。游客们可在水域辽阔的福海荡桨畅游，也可漫步林间，或登高览胜，或自由地欣赏优美、宁静的景致，每一位参观者都能在其中得到无穷的乐趣，受到不同程度的文化熏陶和思想启迪。

结束语

　　盛时圆明园，是万园之园和一切造园艺术的典范，是清代堪与紫禁城相比肩的政治中心，是一幅集中国传统文化之大成的、百科全书式的立体画卷。圆明园遗址是民族的冲突导致人类文明浩劫的典型案例，是西方列强压迫、奴役第三世界国家的有力证据，是中国近代屈辱史的象征，同时也是指引中华民族知耻后勇、奋发图强的精神塔标，具有鲜明的警示意义。圆明园遗址公园则是中国人民珍重和呵护人类文化遗产、呼唤和热爱和平的象征，是促进中外文化交流、弘扬优秀中华文化的重要品牌，具有爱国主义教育、科学研究、文化交流和游览休憩等功能。

　　一部圆明园史从一个侧面证明，只有国家的繁荣和稳定，才能使中华民族屹立于世界民族之林。在国家的政治、经济和文化发展居于世界前列时，我们的先人创造出了举世无双的"万园之园"；而当国家的政治、经济和文化发展严重落伍时，一代名园毁于一旦。150多年来，圆明园遗址以其独特的物质存在，表明了她是一

部极其生动、形象和直观的爱国主义教科书，不仅具有深厚的文化价值，也具有巨大的政治及情感价值。她始终在鼓舞国人前赴后继，昂扬进取；她始终在昭示国人要勿忘国耻，铭记"腐败必然落后"，"落后就要挨打"这一惨痛教训；她始终在警醒国人"勤政廉政是国家兴盛的根本要求"，"对腐败和渎职须防微杜渐，防患于未然"，"与时俱进，勇于创新，才能永续发展"，"必须要杜绝固步自封，开放交流方能永葆活力"；她也一直在无声地呼吁世人共同牢记"历史记忆与责任"，珍惜人类共有文明成果。当然，她给我们的启示还有很多很多……

圆明园是我国一处世界级的历史文化遗产，其三百年兴衰荣辱史是中华民族史的一个缩影，承载着全世界华人无尽的情感。中华民族必须要无比珍视、有效保护、合理利用好这份弥足珍贵的文化遗产。1949 年以来，圆明园遗址旧貌变新颜，文化遗产保护事业取得了重大成果。圆明园遗址可谓中国众多大遗址中，原址保护、历史文脉得以不间断延续的典范。我们有理由相信，圆明园文化遗产的保护、传承、利用与发展事业会有更加美好的未来！

中国历史年代表

五帝			约前 2900—约前 2000	
夏			约前 2070—前 1600	
商	商前期		前 1600—前 1046	前 1600—前 1300
	商后期			前 1300—前 1046
周	西周		前 1046—前 256	前 1046—前 771
	东周			前 770—前 256
	春秋			前 770—前 476
	战国			前 475—前 221
秦			前 221—前 206	
汉	西汉		前 206—公元 220	前 206—公元 25
	东汉			25—220
三国	魏		220—280	220—265
	蜀汉			221—263
	吴			222—280
晋	西晋		265—420	265—317
	东晋			317—420
南北朝	南朝	宋	420—589	420—589
		齐		479—502
		梁		502—557
		陈		557—589

		北魏		386－534
		东魏		534－550
	北朝	北齐	386－581	550－577
		西魏		535－556
		北周		557－581
隋				581－618
唐				618－907
		后梁		907－923
		后唐		923－936
五代		后晋	907－960	936－947
		后汉		947－950
		后周		951－960
宋		北宋	960－1279	960－1127
		南宋		1127－1279
辽				907－1125
金				1115－1234
元				1206－1368
明				1368－1644
清				1616－1911
中华民国				1912－1949
中华人民共和国				1949－

《中华文明史话》 彩图普及丛书

 文明起源史话

 黄河史话

 长江史话

 长城史话

 体育史话

 杂技史话

 小说史话

 饮茶史话

 书法史话

 服饰史话

 古塔史话

 西藏宫殿寺庙史话

 七大古都史话

 故宫史话

 民居史话

 饮酒史话

 绘画史话

 诗歌史话

 园林史话

 孔庙史话

 武术史话

 戏曲史话

 瓷器史话

 敦煌史话

 陶器史话

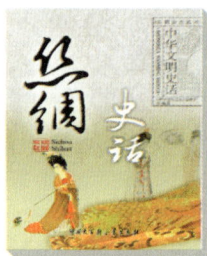 丝绸史话

 汉字史话

 节日史话

 天坛史话

 民族乐器史话

颐和园史话

圆明园史话